老師，我可以抱您嗎？

讓孩子的問題化為向善的機會，後母導師的轉變教育

師鐸獎教師
黃淑娟——著

目錄

同場加映——我的武功祕笈

目錄

前言

我認為當老師是一個神奇又幸福的事業，因為可以行善又有薪水可領的工作是可遇不可求的。

我教書超過三十七年，至今仍繼續擔任導師，這在現今的教育環境是很奇特的現象。每天面對學生許多突發狀況，考驗著我應變處理的智慧，也讓我上班時總是充滿活力迎接每一天的挑戰。

其實，**直到現在我每天都還在學習如何當老師**。因為**學生是多變的，老師也要跟著變通**，否則時代潮流與價值觀不斷變遷，方法如果一成不變，「老師」會成為「危險」的職業。我也曾出現職業倦怠，被學生層出不窮的問題磨到信心見底，但這些讓我疲於奔命的事件，卻昇華為我日後帶班的武功祕笈。

★教書三十七年，卻當了二十多年「後母導師」★

在教育現場，接「後母班」（意即中途接任班級導師）向來不受老師們青睞，但它占了我教職生涯超過一半的時間。在教書初期，我接後母班是因為剛調校，沒得商量；再接挑戰性很高的技藝班，是因為沒人願意接，而我是菜鳥不敢拒絕；接續再接是因為我也願意繼續做；往後連接數十年是因為不忍心一些特殊生在班上的遭遇，我想就當成緣分吧！當時，我向上天許願，如果師生有機會結緣，我一定要好好地疼惜他們。就這樣，我連續擔了二十多年「救火員」的任務。

早期我帶的後母班，有不少孩子的行為讓人頭痛，成績讓人心酸，甚至整個班級有著百廢待興的慘景。在成績掛帥、講究品學兼優的社會中，這樣的孩子即便品行改變了，不再是學務處常客，卻因為種種因素讓他們對課本的知識始終有相見恨晚的遺憾，不願或無法在課業上發憤圖強，所以他們的轉變很少受到矚目。然而，這三十七年來我教過形形色色的孩子，每個學生都是獨特的，端看老師們如何引導點亮他們。

我常說，學生也是我的人生導師，他們拋出的問題讓我省思該如何修行，**與其說是我在教他們，事實上是孩子教我更多。**不同個性的孩子有不同的對待方法，沒有哪一種是最好的方法，而是要將適合的方法用在每個孩子身上。陪伴他們的成長過程，我費盡心思，但從不輕言放棄，總是期待能找到方法幫助他們。可以說，我帶班的十八般武藝，是被學生磨練出來的。

★不只孩子，老師也應該轉彎★

導師這份工作，讓我從學生身上學會謙卑，因為每個孩子拋出來的問題都有原因需要推究。這麼多年來，我的心中有句最想說的話：「**沒有『問題學生』，而是學生『有問題』需要協助。」**老師肯用心幫助一個孩子，就有改造他人生的機會！看著他們成長後變得懂事步出校門，這就是給老師們最珍貴的回報。

身為老師，不要小看自己的職位。我們不只是學校裡的老師，還是「歷史的參與者」。在我們堅持原則、具輔導理念和方法的教育下，孩子們必能成長。退一步說，至少孩子不會變壞，也不會有被欺凌的弱勢孩子；進一步而言，是造就人才，更是成就貢獻社會的積極力量。這些孩子將來都是穩定國家發展的一份子。可以說，老師的職位雖小，但參與歷史事大啊！

我自幼在家庭不和諧的環境成長，明白家庭問題對孩子成長的影響很深，負面情緒及沒有安全感會讓幼小心靈種下不安及怨懟的種子。來到學校，如果又碰到不友善的環境，這些負面種子不但發芽生根，更成了他們未來出社會行為偏頗的主因。

我的求學階段也並非一路順暢，國小時是老師眼中課業表現不好坐在「次壞排」的學生；國中時入學考試成績太低被分到「放牛班」，因為成績不好被老師同學恥笑，那種羞辱曾造成我日後自卑畏縮的陰影。小時候心靈上受到的傷害，有時會成為一輩子的痛，我深信這些陰影會讓人格發展變得缺乏自信，甚至扭曲。**「舌頭無骨，但是它卻強得能粉碎一顆心。」**我深受其害，更能明白傷人自尊的話語後座力有多強。

我希望藉由書中提到的個案分享，讓大家明白每個學生的成長背景不同，需要用**個別化的教育**，也就是**「站在學生的角度回應他的需要，協助他成長」**。我堅信**「愛，真的可以改變一個人。」**透過用心陪伴，讓學生感受到受愛護，其生命就可能發生改變。

三十多年導師經驗碰到學生的狀況真是變化莫測，學生丟出來的問題，實實在在考驗著老師應變的智慧，往昔的方法不見得適用在當下的時空，我會隨時因應狀況而調整腳步。在書中，我提供處理學生問題的方法，它在不同情境下會有不同的反應。我也提出自己失敗的例子，即使出發點是良善的，當下的結果卻讓我內心受創。但我永遠相信，**「所有你給出去的，都會回到你身上！」正因沒有絕對的好與壞、對與錯，碰到阻礙我就學習轉彎**，前面有座山，移不動就繞道而行，我相信必然會有「柳暗花明又一村」的豁然開朗。

雖然我只有單純導師的軀殼，但內心住著想要改變現今教育環境的堅強心念，我想把教學經驗分享給有緣人，希望能感動大家的心，一同為教育付諸行動。

故事是
這樣開始的——

烏雲的背後
是陽光

我無法選擇出身，但可以創造人生

我是豬販世家的獨生女，頂著這個頭銜，必定讓人充滿肥肥胖胖、白白嫩嫩、富貴人家小姐的想像，但除了胖胖身材是真的，其他僅供想像。爸媽及四位兄長皆從事賣豬肉的生意，早期生活非常困苦，幾位兄長初中沒畢業，就被迫進入職場賺錢減輕家計。我身為老么，在家中經濟狀況稍微好轉時出生，幸運地，可以繼續升學。

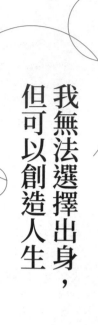

然而，身為獨生女，父母並沒有把我當掌上明珠，家中重男輕女，兄長連一雙筷子都不用洗，我卻必須跟在母親身旁，手洗一堆沾滿豬血又油膩的衣服，因此如白玉般幼嫩的形容詞，絕不可能用來形容我的雙手。

每天早上母親在家門口擺攤賣豬肉，她騎車載豬肉出門叫賣時，換我在門口擺攤做小生意，專門賣小朋友喜愛的抽糖果（早期台灣雜貨店常見的生意）。

從小我就耳濡目染，學會從買賣中賺差價，國小時從一兩盒抽糖果的生意做到可以開店面，每天數著做生意賺來的銅板，甚至像個守財奴般抱著那桶銅板睡覺。我以為自己是做生意的料子，不但會做家事又會賺錢，在鄰居眼裡絕對是好媳婦的人選，所以當時從沒將讀書這檔事放在心上，幼稚園只讀幾個月，念完國小連ㄅㄆ、ㄙㄣ都還分不清，造成今日教書仍常被笑發音不標準。

家中經濟主要靠母親任勞任怨地賺錢，父親雖然也疼我這個久盼才來的女兒，但他沉迷賭博、對家庭很少付出關注，而且時常動手打母親，我從小的記憶充滿父母爭吵的畫面。那時候父母吵架後，母親常帶著我離家出走，但每次都因為放心不下家庭，離開沒多遠就回來。我的童年不斷地在父母爭執、母親挨打、離家的戲碼中輪轉，這使我從小就沒有安全感。我很渴望家庭的和諧，非常羡慕別人的家庭，尤其討厭過年除夕夜圍爐，那是一年之中最難過的日子。

過年豬肉攤生意非常忙，我會跟母親一起出門叫賣豬肉，只要客人需要其它部位的豬肉，我就得騎著車回市場拿貨，母親叫賣得越遠，我來回騎車的距離就越遠。父親在市場擺攤賣豬肉時，因為脾氣不好生意奇差，肉攤上的豬肉幾乎要靠母親載出去叫賣才賣得完，而我就是負責送貨的幫手，過年過節常要賣到半夜才能收攤回家。曾經我跟著母親到一戶富有人家的門口賣豬肉，女主人盯著站在攤車旁身穿油膩圍裙的我，好巧不巧她的女兒一身白白淨淨的走出來，女主人竟對著我母親說：「我家女兒跟你的女兒真的差好多」，讓我當下尷尬不堪，多希望有個地洞可以鑽進去。後來我考上嘉義女中，再跟著母親去賣豬肉時，母親很驕傲地告訴別人她的女兒是讀嘉女的。當時我雖然仍穿著油膩沾有豬血的圍裙，但心中有著滿滿復仇的快感。

過年時，父母給的壓歲錢就是我的工作獎金，但是我沒有一絲喜悅歡樂，因為圍爐時刻就是家裡火藥庫爆炸的開始，幾乎年年上演。即使母親用淚水與汗水辛苦煮出一桌飯菜，全家卻沒人坐在餐桌一起吃飯，隔壁傳來鄰居圍爐團聚的歡笑聲，我家是爸媽乒乒乓乓丟東西的吵架聲。面對年年都會上演的吵架戲碼，我內心積壓著怨氣，一度想著要變壞來轉移父母的爭吵不休，便大聲對母親說：「你們再吵，我就要離家出走了！」當我提著行李淚流滿面憤怒地衝出家門，心底多希望媽媽能喊住我，但當下她的心思根本不在我這個女兒身上，我的出走並沒有讓她情緒轉移。

那一刻我突然覺醒了——**我無力改變父母的相處模式，但可以選擇未來不要重蹈覆轍母親走過的路**。

因為父母長年爭吵，家中的氛圍總是充滿抱怨、憤怒及責備，加上兄長跟我年紀相差大，彼此互動很少，我在一個家庭人數眾多卻很寂寞孤單的環境長大，「家」成了我最想逃離的地方。高中讀嘉義女中時我選擇住宿在外，比別人早獨立面對生活，建立了不畏艱苦及超群的忍耐性，「家庭溫暖」對我來說是可遇不可求的珍貴禮物，**這也是我日後為人師時更能體會失親孩子渴望被愛的心情的原因**。

壞事，有時能讓人生轉為正向

母親不識字，父親也只讀過一點書，家人都忙著做生意，因此沒有人會要求我念書。國小時因為課業成績不佳，被導師分到所謂的「次壞排」座位，中間排坐的都是有補習且課業成績優秀的學生。我會做生意，算術算錢還算厲害，數學科卻讀不好，偏偏導師交代，當他抽問時，不管會不會，全班都要舉手，因為要讓校長巡堂時覺得班上學生的數學都很棒。

有一次，導師抓準校長巡堂的時間，抽問全班數學題目，我明明不知道答案，卻傻傻地跟著同學舉手，結果導師故意點我起來回答，我誠實地說自己不會算，沒想到導師像逮到機會般，當眾對我冷嘲熱諷說：「妳就只會吃而已！」當時同學哄堂大笑，沒半個人安慰我，我羞愧到無地自容，眼淚滴滴直落在桌面成一個水灘。這幕被當眾羞辱掉淚的畫面至今已過四十多年，仍留在記憶的深井中。

國小六年，我是個從沒得到老師眼神關注的學生，卻發生差點在我的心靈種下仇恨種子的一件事。有一天我跟同學發生口角糾紛，導師不管對錯，直接要我與同學互打耳光當懲罰。剛開始打得太小力還會被導師罵，結果最後兩人都用力摑打對方耳光，好像彼此有深仇大恨。導師沒動手體罰我們，卻讓兩個孩子把對方的臉頰打到紅腫不堪。當導師問我們知道做錯事了嗎？因為害怕又要繼續打耳光只好猛點頭認錯，但心底卻非常怨恨對方為何下手這麼重。這起事件之後，我們兩人怨恨難消，私下互看對方不順眼。「以暴制暴」的教育方式真的差點把我教成「小太妹」啊！

上了國中，因為入學考試成績差，被分到所謂的「放牛班」，我曾經考了三十九分，竟然是全班最高分；國一下學期被轉入次好班，從此過著水深火熱的生活，不但課業跟不上還遭同學孤立，只因為被貼上「放牛班來的學生」標籤。成績不好不是大罪過，但在當時升學競爭激烈、同學對分數斤斤計較的環境之中，我這個放牛班來的學生就像羔羊闖入狼群，每天孤孤單單又戰戰兢兢過日子，成績當然還是倒數的。

後來讓我發憤圖強卯足全力讀書的原因是：第一次段考的數學選擇題，我猜對很多題，考了七十分，沒想到這分數竟成了罪惡的數字——老師和同學懷疑我作弊。這種質疑對愚鈍又單純的我來說，無疑像拿把刀插入我心底。當時真的感到受辱又憤怒，受傷的自尊心讓我產生雪恥的衝勁，當天放學回到家跟母親要了錢找補習班上課，每天晚上苦讀到半夜，兄長都看傻眼，問我何須這麼拚命。自此國中三年我沒有請過任何假，連兄長結婚這等大事我也沒有請假，當時給自己設定目標，我要一步一腳印，步步爬升上去，讓那些取笑過我的人刮目相看，我還立定志向，要光耀「黃家」門楣，心情真的像坐火箭一般，想一飛衝天、一蹴而就。

而我也真的做到了。國三時我爬到全班第一名，當時告訴母親還被她罵「怎麼考這麼少名」，她的認知是數字越多越好，就像她賣豬肉時算錢的概念。原本以為在國一靠做小生意就賺到人生的第一桶金，做生意會是我未來的志向，但「被人取笑的羞辱」卻是激發我鬥志的推動力，也改變我的人生觀。

國小導師對我的羞辱，曾在我心底埋下沉重的自卑感；國中生活的被孤立及誤解作弊，竟激發我的自卑感轉化成奮發向上的推進力，原本以為不喜歡讀書的我以後就傳承家業賣豬肉或嫁給豬肉販當老闆娘，沒想到內心的憤怒不甘激發我讀書的潛力，改變了自己的視野，走向不同的人生。

職業級的「救火員」——後母導師歷險記

會踏上教職只因母親一句話：「去讀師呆（大），毋免開錢啦！」卻沒想到這個決定後來成為我甘願付出一生的志業。

師大畢業後，初到國中教書，家長都會主動送來藤條給老師，還叮囑打斷了會再送新的藤條來。甚至如果打了他們的小孩，家長還會在教師節送禮感激老師的教導。這在今日是絕不可能發生的場景，但在當時的教育環境，老師是很受尊重、走路有風的職業。

教書三十七年，我當了三十四年的導師，導師生涯中，我有一個特殊頭銜——**「職業級後母導師」**，這是很多老師都不太想碰的工作，而我竟然連當了二十多年，我很有可能是全國參加畢業旅行最多次的導師。後母導師美其名叫做「救火員」，實際上是極其吃力不討好，而且非常有挑戰性的「火場英雄」。如何讓學生接受新導師的帶領，是很大的挑戰，學生會針對前後任導師做比較，更成了後母導師難為之處，尤其該班已經養成的風氣，後母導師若想要有所作為，必須要有極高段的毅力、耐力及智力，難怪很多老師視接後母班為畏途。

每當有班級導師臨時出缺，主任總會第一個詢問我。因為不忍心這群孩子被當成皮球，希望他們有人接納與關愛，當下就忘記剛結束後母導師工作的辛苦，又一口答應了，就這樣成了職業級的後母導師！這是我的宿命，也是使命。

第一次接後母班時，我只有兩年的教學經驗，是一名菜鳥導師，卻被派去接手有黑道老大男朋友「關照」的班級。這位黑道大哥每次來看他的女友，身邊一定會跟著小弟，黑色轎車內放著西瓜刀及棒球棍。這位女同學跟我說黑道老大曾威脅她，若想分手會斃了她全家，讓我這個菜鳥導師每天到學校教書都是戰戰兢兢，小心翼翼，深怕講錯話會惹來殺身之禍。令我沒料到的是，好不容易熬過心驚膽顫的一年，原以為苦盡甘來，卻沒想到再接下的班級簡直可以用「驚滔駭浪、波濤洶湧」來形容，那就是動刀、動槌子的木工班（早期的三年級有成班的技藝班）。看到別班皆是陰陽調和的男女合班，而我的班級卻是「英雄好漢在一班」。

開學第一天和好漢相見歡時，我宛若走進野生動物園中。他們個個橫眉豎眼、目露凶光、金髮紅髮滿頭亂髮（當時敢染頭髮就是公認的「大尾」學生，是校方很頭疼的人物），虎背熊腰，個頭像大樹。他們蹲在地上時，個子矮小的我還有昂首闊步的時候，等到這些大漢全部站起來，瞬間自己就好像迷失在巨木叢林中，此時的「相見歡」已成了「相見憂」。尤其這班成員很多在一、二年級就「紀錄輝煌」，大過小過滿天飛，不愛讀書卻血氣方剛，精力旺盛到處吆喝打群架發洩情緒。偏偏木工班的學生，一星期有兩天與雕刻刀和木頭接觸的機會，要惹是生非簡直易如反掌，當時很多班的導師跑來告訴我他們班的大哥級人物全聚集在我的木工班，聽了讓人真的欲哭無淚。

有一次，訓導（學務）處主任和班上同學起衝突，雙方火爆場面一發不可收拾，某位學生一怒之下衝出校外要揪人進來打架。當時我見狀，在校門口使出九牛二虎之力，及時抓住這名瘋漢，趕緊帶他到學校水池邊安撫，就像慈母在他的耳邊唱搖籃曲般，溫柔地緩和他暴怒的心火及緊握的拳頭，其實當下我早已嚇出一身冷汗。

帶此班期間，我每天如履薄冰、步步為營，經過半年的鬥法、鬥智、鬥體力，我成了他們名符其實的「大姊頭」，當他們假日要去打群架時，會來向我報備一番。當然在「大姊頭」曉以大義後，偶爾能免去幾場腥風血雨，但有時是打完架了，隔天才會看到頭部或腳上包紮著來報備的。

帶這個木工班最讓我一生難忘的事情是：班上有七名學生在教室內抽菸，被校長巡堂時發現，校長一聲令下，要將那七名學生勒令轉學，結果訓導處沒有主管出來處理這樣的處罰，讓我這個導師獨力面對窘境。我心中明白，一旦這個危機沒處理好，日後我更無法管理班級。苦思良久，我到班上演了一齣灑狗血的戲碼，把惹是生非的七名學生叫到講台前面對同學，我聲淚俱下跟班上學生說著，導師無能沒把他們教好，讓他們在班上抽菸，遭校長勒令轉學。講完後，我當著全班學生面前，用力摑打自己的耳光（這個動作僅供參考請勿嘗試，當時情境非比尋常），全班被我突如其來的舉動驚嚇到，七名違規學生更是嚇壞了，連忙懇求老師不要這樣，是他們自己做錯事，不是老師的錯。當我看到這幾位平時在班上桀驁不馴、很難溝通的孩子掉下眼淚認錯的神情，我知道這是感化他們的最佳時刻。打鐵趁熱，我順勢帶著他們去向校長認錯求情，事後假裝是訓導主任幫忙說情給他們機會留下來，讓他們去向訓導主任道謝。

演完這齣戲後，**其實我的內心很辛酸疲累，因為面對危機時，孤立無援沒有人伸出援手相助**，但心中也竊喜藉機制伏了這群猛漢。

回想和這群英雄好漢相處短短一年，驚險的程度簡直可以拍成一部動作電影。這一年所累積的功力，也讓我在未來「降龍伏虎」的後母導師生涯中，打下扎實的根基，至今我還很感念他們給我的磨練。

帶完這個班後，我從此聲名大噪，舉凡原導師調校、請長假或學務處拜託我中途接班級……等等，我都是第一人選，後母導師身分從此成了「職業級」。

愛，真的可以改變一個人！

我願意持續擔任「後母導師」，主要是抱持著**「用心幫助一個孩子，就有改造他人生機會」**的信念。每年看到原本行為乖張，令人束手無策的孩子，在畢業前行為改善、令人刮目相看時，我就覺得這一年的辛苦又值得了，社會也可能因此少了一個負擔。

接手他人的班級，常會遇到情障、學障（輕度、中度）、自閉、過動或具有家庭特殊因素的孩子，在班上長期受排擠、忽視甚至欺凌，他們內心已經傷痕累累，卻只能沉默地縮在班級角落，有些則是把內心的積恨變成報復心去傷害他人。教育部把特殊生安置在普通班，原本的美意是希望幫助他們的潛能可以獲致最大的開發，未來能夠適應社會生活，進而協助他們發展為獨立成熟的個體。導師最重要的任務，就是事先了解特殊生的個案資料加以輔導安排，幫助他們適應班級生活。

多年來接手別人班級的經驗，讓我深深感受到班級內之所以會出現「弱勢」的學生，其實跟班上的風氣有關。如果同學之間感情很冷漠，懶得理會周遭的人事物，看順眼者是「朋友」，看不順眼的就成「路人」，時間一久，路人就成了「弱勢」的一群。有些孩子在學習上比較跟不上進度，必須到資源班上課，「資源班」三個字就像帶刺的緊箍咒，戴在弱勢孩子的身上，可這些孩子雖然學業成績跟不上，但不代表他們沒有自尊心。當同學用輕視的語氣說他們是「啟智班的學生」時，對這些孩子是何等的傷害，有些孩子因而不參與班上活動，當個隱形人，或是故意擾亂秩序，引起大家的注意，更糟的是被同學利用去幹壞事卻又被出賣揹黑鍋。這種狀況在國中尤其嚴重，因為老師任課不似國小包班制，跟學生相處時間較少，遇到有特殊狀況的孩子，若導師沒有下工夫了解，再給予協助輔導適應，他們通常不只在課業成績上表現不佳，就連人際關係也會是弱勢群體，內外交迫的壓力讓他們深陷無法自拔的深淵。

因為曾受過被言語霸凌的痛，我深知它的後座力有多強大，多少孩子因為在校園遭排擠孤立甚至被暴力相向，那種隱藏在他們心中的陰影可能會成為一輩子都走不出來的憂鬱情緒，甚至會造成思想行為的偏頗，而成為社會的負擔。

每次帶新班級知道班上有特殊生時，我都會到特教組拿特殊生的個案資料，預先了解他們狀況，再多問多看，尋求可以協助他們的資訊；如果是從一年級帶班，開學前我會先找家長和學生晤談，希望初次見面就讓家長知道導師的誠意，並讓孩子提早跟導師見面，安撫他未來開學進班的不安，我的目的就是要引導特殊生一步一步地適應班級生活。有些孩子屬於輕微狀況，家長和孩子希望導師能幫忙保密，避免傷到孩子的自尊，我都會細心照顧小心處理，安排心性相似的同學坐在他的附近，用很委婉又技巧性的引導讓同學隨順地跟他相處，三年期間同班同學都沒人知道他有特殊生身分，從來不曾出現排擠、取笑等霸凌事件。我教導這位特殊生的歷程，讓孩子感受到導師對他的關心及疼愛，加上家長一路走來跟我密切配合，在親師通力合作下，看到一位領有障礙手冊的孩子如同從醜小鴨變天鵝般耀眼，這就是我認為當老師神奇又幸福的原因。

每次看到班級內的弱勢孩子在班上被孤立甚至恥笑時，內心的不忍總促使我向上天發願，讓我有機會疼惜這些弱勢孩子，我更教導班上的學生要有**「把肩膀借給別人依靠的溫暖」**。當我有此念頭時，老天爺真的派我去接別人的班級，就是有這樣的因緣，我才會一再地當後母導師二十多年。我希望用真誠的付出，讓叛逆狂飆的孩子找到避風港，失親的孩子能得到像在媽媽懷抱中一樣的母愛和安全感。

淑娟老師的真心話

我必須陳述一件很殘忍又悲痛的事實，那就是在校園裡，**老師的身教常在無意中成了帶頭霸凌的人**，因為**老師在班上的一言一行深深地影響班級學生處事待人的態度，**若老師責罵學生用詞犀利不饒人，學生就同樣不會善待較弱勢的同學；若老師對待學生有明顯的分別心，剛好給班上孩子有欺壓他人的藉口。

班上「弱勢學生」的產生，其實背後最有力的推手，正是老師的言行。當老師不假辭色地責罵學生時，句句傷人自尊的話，在班上就會起帶頭的作用，這是很可怕的事實，老師不可不謹慎自己的言行舉止。

第一章

見證愛的翻轉力

老師，我可以抱您嗎？

小展身材瘦小，打從國小就被同學取笑像外星人。因為非常挑食，午餐時間常不吃飯，到處找同學麻煩而有言語衝突。這戲碼幾乎天天上演，每天像一隻「鬥雞」到處惹事，處理這些事端讓我傷透腦筋。我擔心他營養不均衡，錯過成長期會長不高，開始強迫他吃飯。然而，我自認的「關心」對他卻是「限制」，結果師生為了吃飯問題開始起衝突。他怨我管太多而出言不遜，師生陷入緊張關係。

他在班上除了滿口三字經又愛告狀，打掃工作常偷懶不做，作業不交也不寫，任課老師天天向我告狀，簡直是「賴皮神」的化身，偏偏長得矮小的他還常常招惹學長，氣得學長要動手打他，我這個導師還得額外處理他的外務糾紛，將教書三十年來累積的十八般武藝都拿出來，一一用在他身上，試過很多方法卻對他都無效。想跟家長溝通共出對策，但令人煩惱的是，小展是單親的孩子，父親長年不在家，平常都由爺爺照顧，爺爺卻對他完全沒有約束力。好不容易跟父親聯繫上了，溝通了孩子的狀況，父親卻勃然大怒，要求辦休學，準備把小展關在家裡。當下，我被父親激烈的反應震懾住了，他還說他曾經讓小展在大馬路上罰跪。我擔心這孩子遭到家暴，費盡唇舌拜託父親讓我教導他，好說歹說才說服父親。原本想要藉助家長的力量協助管教，又落空了，看來還要再想方法引導他。

有一天，我真的因為小展惹出來的禍事而怒火中燒，氣憤地處罰他。當小展抬起頭，憤恨地瞪著我時，孩子的眼神讓我突然清醒，原來這時候面目猙獰的我跟他的父親沒有兩樣，只會用動怒、處罰的方式來對待他。當晚回家後，我整整生病了一個禮拜，對於自己用了很差勁的方式教育他讓我內疚不已。經過此次教訓，我重新調整方法，深入探查小展像「鬥雞」行為的背後原因。

★如何協助在暴力環境下成長的小展？★

1. 挖掘孩子的特點並點亮他

探究小展的成長背景，母親很早就過世，父親為了躲債常不在家。偶爾回來看他，不是打罵就是塞錢給他花用，養育的責任全丟給年歲已大的爺奶。爺爺的教養方式也是給他錢花用，做錯事就用三字經罵他，爺孫倆常把粗話當問候語。但我發現小展的閩南語說得很溜，因此幫他報名閩南語演講比賽，未經老師指導竟然得了獎，從此讓他信心大增。我知道這孩子成長過程缺乏的是肯定及鼓勵，透過這次比賽獲獎，連任課老師都讚美他的閩南語很標準又好聽，課堂上讓他有更多上台發表的機會。多方正面的鼓舞讓他不再浮躁衝動，滿口粗話也逐漸獲得改善。

2. 改善挑食習慣——要付錢的飯比較香

至於不吃午餐這件事呢，我最後使出絕招，就是下學期不給他午餐補助。小展自國小開始都是由導師幫忙申請午餐補助，沒繳餐費對他來說不會有太大的感覺。他常常不吃營養午餐，反而跑福利社買東西，或者上學途中在便利商店買一堆零食帶到學校吃，從來沒有人教過他要珍惜感恩補助的餐費。為了讓他清清楚楚地感受到吃飯得付費的痛，我跟他的爺爺商量，午餐費用就由他的母親過世留給他的儲蓄基金來付，爺爺知道我的用意後全力配合。小展從此中午都好好地吃飯，還常坐在我旁邊一起吃，跟我討論今天的菜色，師生兩人吃得津津有味，原來「付錢的飯菜」比較香，後來小展因為正常進食，不到半年就長得比我還高。

3. 「神祕阿姨」的後援助力，共創親師生三贏氛圍

國二時，小展拿著和媽媽的合照跟我說：「好想念過世的媽媽！」觸發了我的靈感，我的導師角色還是不夠滿足渴望母愛的他，因此我串聯其他家長偷偷成立「神祕阿姨」組織，讓家長扮演媽媽的角色，協助我照顧班上失親的孩子，透過親師合

作付出更多的愛。這些家長在母親節送來小禮物，讓小展拿回去送給照顧他的爺奶，感謝他們的辛苦照顧；在小展生日時送來精緻的蛋糕及祝賀卡片，裡面不只簡單的一句生日快樂，而是寫滿鼓勵的話語。當天他把一個六吋蛋糕切成三十二片跟全班同學分享，把他得到的愛也分享給別人；神祕阿姨們也在過年時包壓歲錢給他，段考時給他鼓勵的卡片……等等。面對這些不求回報的關愛，剛開始小展也有戒心，並懷疑自己有資格獲得這一切嗎？到後來，他主動寫卡片感謝神祕阿姨的關愛，也期待她們的回信，並開始稱呼神祕阿姨為「媽媽」！

經過兩年的努力，國三時，這孩子不再像鬥雞般到處找人吵架，反而成為我身邊的小助手。他和同學相處不再惡言相向，甚至常主動幫助別人，師長同學都讚美他的轉變。畢業前，我與「神祕阿姨」討論，送給他一件最需要的禮物。我注意到他冬天常穿件草綠色的薄外套，即便天氣再冷，仍是穿著那一件。為了挑件適合他的外套，我跑了好多家服飾店，店員問我要買給誰穿，我說是「我的學生」。「學生？」店員用狐疑的眼光看著我。其實，我在心中早已把他當成兒子般疼愛了。

4. 愛的擁抱，讓孩子敞開封閉心扉

畢業時，我親手把外套穿在他身上，只見這個孩子眼眶含淚，說了一聲：「老師，我可以抱抱您嗎？」此時，我的眼淚已不聽使喚狂瀉而下，我知道這顆冰封已久的心終於融化了！

畢業後全班聚會，讓我不敢置信的是，這孩子竟然長高到一百七十公分，我得仰頭看他，而他見面的第一句話是：「老師，我要抱抱！左邊抱三下，右邊抱三下！」

上天給我許多需要關愛的孩子，我只有一個小小的信念，希望我的付出能讓孩子心中有愛，他們出了社會，即使無法都成為社會的菁英骨幹、無法人人功成名就，但至少不會危害社會。也希望在他們心中種下善的種子，未來發芽成長後，也可以成為別人的貴人。更希望他們成為小菩薩，把我和神祕阿姨給他們的愛傳承出去！

★小展教會我的事★

在學校讓你覺得可惡的孩子，他的背後必有可憐及無奈之處，因為孩子無法選擇他的生長家庭，但家庭卻是對他最初人格養成最重要的地方。老師雖然不是他的父母，但我們可以扮演另一種爸媽的角色，給他愛下去就對了！種下愛的種子之後，有些要很久才能發芽生根，也許三年內還看不到成果，但在他心中種下的善根，遲早會有萌芽的一天。我所做的只是希望孩子明白，曾經有人疼愛、關心過他！

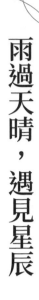

雨過天晴，遇見星辰

每到午餐時刻，阿辰那熟悉的身影就會準時在我眼前飄蕩，他又要來告狀——說他人的是非。這經常讓我消化不良，因為他會隨時無預警地出現在你眼前。下課在辦公室休息時，他會無聲無息地站在你的背後，偶爾為了「問候」，但大多數是為了告狀。午睡方醒，一抬起頭就看到他近在眼前，若不是心臟夠強，就得去收驚了，真是讓人不勝其擾！我每天得耐住性子聽他抱怨，若沒立即處理他的案件，他就會窮追不捨，直到看到老師處罰某人才甘休，即使是中午用餐時刻也不例外。

我常因此無法平靜嚼食，腸胃因緊張而痙攣，縱使三令五申他不可以在午餐時間告狀，他依然故我地閃到面前說：「老師，XX做了……！」那過度認真的表情，讓我氣結，卻無法讓他稍安勿躁。我每天在課餘時間「專案」處理他惹出的爭端，須有極高的EQ及IQ，只能自我調侃地說他盡職檢舉的精神可媲美「打不死的小強」——或許阿辰未來很適合當業務員——不怕挫折，勇往直前！

任教本班脾氣較和善的女老師，也紛紛向我訴苦說快受不了阿辰的近身接觸，以及每節下課到辦公室報到的困擾，她們已到了抓狂「喊救命」的程度。其實，我自己也被他搞得筋疲力盡，甚至每晚夢中都在處理他惹出的問題！

★如何改善阿辰脫序的行為？★

1. 觀察孩子的行為習慣，探討孩子行為背後的原因

經過多方探討，我逐漸了解這孩子的成長背景。他的童年發生許多不愉快的事件，家庭教養完全失效，國小轉介到台中某慈善機構照顧。阿辰讓該機構的輔導老師非常頭疼，每天惹是生非又愛告狀，為了引起輔導老師的注意，做出很多難以理解的言行，讓輔導老師消耗非常多的心力。而今，阿辰的問題只是換個「場所」繼續上演。

他為了獲取友誼，主動把班上的工作攬在身上，卻常常適得其反，同學原以為他是熱心助人，最後都對他的幫忙敬謝不敏，甚至有他參與的活動，同學都自動迴避不參加。面對這樣的問題製造者，我除了抓狂還能怎麼做呢？當我平心靜氣時，有個聲音提醒我：「如果連我都放棄他，還有誰願意接納阿辰呢？」這個信念讓我鼓起勇氣努力找方法協助他。

2. 不當面指責學生，而且用詞不太過犀利

我決定教導班上同學包容阿辰的不當言行（這是艱辛的任務，因為連我都想要抓狂了）。我以身作則做給學生看，他犯錯時儘量不在班上責備他。其實我常被他搞得心力交瘁，火氣飆升，每次到班上都要先揉揉氣得失調的臉部肌肉，對我來說這是「忍人之所不能忍」的功課。每次他惹禍，我把他帶到學校較少人打擾的角落談心，因為他很在乎別人的眼光。我也常絞盡腦汁，在聯絡簿上寫讚美及鼓勵他的話，簿子裡滿是我們師生的對談，滿篇的紅筆字很嚇人，連安置機構的主任都說三年來阿辰的聯絡簿真是「奇觀」。

3. 親師合作來彌補這塊親情的空白

經歷無數次的師生磨合，我發現阿辰之所以做出讓女老師困擾的行為，是因為內心渴望媽媽的愛。他很在乎別人知道他住在安置機構，說他沒媽媽，他曾在聯絡簿上寫著「希望媽媽生活改善後能帶我回家住」。為此我和班上家長私下成立的「神祕阿姨」一起合作，彌補這塊親情的空白。神祕阿姨常寫卡片鼓勵他，生日時送蛋

糕讓他跟班上分享，阿辰也會回信給神祕阿姨，我則擔任橋梁的角色，傳達這份關愛給彼此。

4. 引導孩子反省改錯，比處罰他更實際

我教導他不能越權，並且做事要有耐心及細心，他犯錯時，給他改進的機會，教他反省，更要能知錯、認錯且願意改錯。這個過程很漫長，幾乎耗盡我的心血及耐性，有時我也感到無力，想放棄不理了，但支撐我持續的信念是——**孩子是無辜的，他只是渴望被愛！**

5. 當他實現夢想的「加油站」

阿辰的願望是當廚師，曾說要煮好吃的菜給媽媽吃，因此三年級時我鼓勵他參加技藝班餐飲科，這讓阿辰找到了努力的方向。因此，他比任何人都更用心學習，每次都把他認為最好的實習作品拿給我品嚐。他的指導老師說阿辰很在乎我給他作品的評價，他說：「長大要開餐廳請導師吃飯！」

國三的他，逐漸成熟懂事，他主動熱忱的態度轉為獲得友誼的助力，讓班上同學看到他的亮點。尤其寫文章投稿，全校的國文老師幾乎都被他拜託幫忙批改文章，這種努力不懈的精神，讓老師們動容。

國三下，我多次向安置機構說明阿辰渴望回去跟母親生活，請重新評估他與母親團圓的可行性。國中畢業後，阿辰考上沙鹿高工餐飲科，成為餐飲老師的得力助手，被選派參加六協盃亞洲青年廚師刀工藝術大賽，榮獲銅牌及料理雙人賽佳作。而後，最大的喜事終於發生，阿辰如願以償回到媽媽身邊。安置機構的主任對我說，阿辰的經歷是他們機構碰過最傷腦筋但結局最美好的一位！頭上的白髮是我三年來為這個孩子費盡心思的甜美代價！

阿辰畢業多年後回到陪伴照顧他的安置機構演講，邀請我去聽他分享成長的過程，他不再顧忌讓人知道他是安置機構的孩子，大方分享自己童年的慘澹歲月。聽完他的故事，我內心激動不已，幸好國中這三年我沒有放棄教導他！他的分享給了我堅定的信心——在學校給學生真誠的關愛，就有機會改變他們的人生。

在學校或職場上，別人不了解阿辰的過去藏著多少說不出口的苦，他們看到的是阿辰的表現，這些曾經不友善、負面的情緒和回應在在激發了阿辰的改變，他把以前的缺點翻轉成今天的亮點。我曾形容他盡職告狀的精神可媲美「打不死的小強」——不怕挫折，勇往直前！如今他把此精神用在展現自我的「主持人」、「導遊」、「營隊籌劃」、「業務員」等工作上，樣樣都做得很出色，是個斜槓青年，甚至成立一家帶團旅遊公司，接手辦理我們學校的校外活動，帶團水準讓全校師生誇讚不已。他翻轉人生的故事讓人感動，更欽佩他勇敢追尋夢想的毅力。

★阿辰教會我的事★

三年來，阿辰真的是個磨人精，一再考驗我的堅持力，層出不窮的問題曾讓我萌生放棄的念頭。當了解阿辰的成長背景，我發現他只是渴望得到關愛，不斷在他人身上尋覓那一份愛，卻一再失落……，當他把內心的不安反映在行為上時，就像刺蝟般跟周遭的人起衝突，造成紛爭不斷。但我深知這孩子是無辜的，我不斷地調整心態，以耐心來陪伴、以真心來對待、以愛心來包容、用智慧來教育、用身教來堅持信念；當下我並不敢想像付出會有回報，也不敢期待可以改變他的未來，但阿辰今日在社會上的成就，讓我更相信，給學生的愛就像將一顆石頭投入他們的心湖，必然會泛起漣漪。

慈馨少年家園廖慧雯主任的真心話

慈馨機構是安置遭遇家暴或喪失家庭功能之兒童少年的溫暖家園。透過生活輔導、家庭教育及學校教育，藉此翻轉孩子的生命。然而，光靠機構內部專業人員的陪伴，力量是有限的，需進一步透過學校、社區等資源共同協助孩子。與淑娟老師認識是在八年前，因為一本被寫了滿滿紅字的聯絡簿，而對淑娟老師產生極大的好奇。與學校合作這麼多年，這是我第一次看見一位老師寫這麼多紅字，其中有對孩子的教育、關懷、鼓勵或生活的分享，密密麻麻地寫著一位老師對學生的用心、愛與期盼。

這位孩子從國小開始，在班上就不受歡迎，對班級導師來說更是頭號的頭痛人物。記得與淑娟老師合作的過程，她說：「曾經自己也被孩子氣到很氣餒，想放棄了。但想到如果連自己都放棄，那孩子怎麼辦？」於是積極與慈馨合作，討論陪伴和教育孩子的策略。目前孩子已畢業自立生活，去年回來分享他的生命故事。孩子說：「我曾經是個非常自私的人，渴望被看見，但常常用不對的方法，導致大家都討厭我，因為這樣，我越氣憤就越故意。其實那時候的我非常自卑，也非常渴望能夠被愛。直到來到了慈馨、遇到了淑娟老師，我開始願意去接納真實的自己，也一點一滴找回自己的價值。」那天晚上，孩子哭了、淑娟老師也流著淚，那是一份對生命成長的見證與感動。

感謝淑娟老師在教育上的堅持，並用心翻轉孩子的生命。

親師合作1＋1大於2——神祕阿姨

早期的帶班經驗是每當要調查單親家庭的學生，都要小心翼翼，避免傷害孩子的心靈，因為那畢竟是少數。如今，在一個二十多位學生的班級裡，單親成了常態，隔代教養更是屢見不鮮，甚至重組家庭也越來越有增長的趨勢，有時候學生還會提醒我父母正在爭吵、即將離婚，要不要順便將他算入單親名額內，看似輕鬆的談笑，其實孩子心中早已被父母長期的爭吵磨得冷漠看待生活，讓人聽得心疼。

這一屆是我第一次從一年級開始帶班，班上竟然有八位「失母單親」的孩子。這屆學生也讓我見到現在很奇特的社會現象。傳統社會思維中，夫妻離婚都是女方爭著要小孩的撫養權，因此過去常見的是母親獨力撫養小孩，但世代更迭，社會價值觀轉變，這一屆八名單親全是爸爸身負養育職責，有幾位學生更是從來沒看過媽媽的模樣，因為媽媽生下他們就離開了，沒有回來看過他們，更別說給過孩子一丁點的記憶。他們的成長過程中，有些是父兼母職，有些則是跟著爺爺奶奶生活，父母在他的生活中，是長期的「缺席者」。

有一位孩子曾拿著母親的照片，跟我說他好想念過世的母親，觸發了我的靈感，我把此事跟班上一位家長分享。這位家長說她曾是單親孩子，國中時全班只有她過生日時會有老師送的兩顆紅蛋，她當時不知道老師為何只給她，但那份溫暖至今仍留存心中，愛的種子悄然深植於她的心。她說**苦過的人方知苦、痛過的人方知痛，身為社會基層工作者，看盡無奈，尤其在弱勢底層的孩子，他們無法選擇成長的環境，只能接受。她常想，除了金錢援助外，有誰能讓孩子們找回溫暖的愛呢？因為「愛」才是一切改變的基石。**

當下我提出想要串聯家長的力量，親師一起合作來彌補孩子親情的空白，這位家長馬上號召其他志同道合的家長，大家出錢出力，把對自己孩子的愛分享給失親的孩子，**取名「神祕阿姨」，希望給失親孩子充滿期待又溫馨的感覺，也保有受助者的自尊。**

「神祕阿姨」常寫卡片鼓勵失親的孩子；孩子生日時，送來蛋糕讓他們驚喜萬分；母親節也送來禮物，教導孩子拿回去對照顧他的爸爸或爺奶表達感謝之意；過年時會包紅包給孩子祝福；**我擔任傳達這些關愛的橋梁，順勢教導孩子感謝他人的付出。**

「神祕阿姨」常讓孩子感受到滿滿的幸福，也讓孩子學會**「施比受更有福」**的道理，而家長也從孩子的感謝卡中體會到付出的感動，我則多出許多「後援部隊」支援前線，**共創親師生三共好的班級氛圍**。直到畢業，孩子都不知「神祕阿姨」是誰，我只跟孩子說未來也要學習「神祕阿姨」的精神——**我不認識你們，但我很開心可以為你們付出！**

我希望在孩子心中種下善的種子，未來發芽成長後，也可以成為別人的貴人。

更希望他們成為小菩薩，把我和神祕阿姨給他們的愛傳承出去！」後來，善念真的流動了，有位受神祕阿姨幫助過的學生，才剛出社會賺錢一段時日，便傳訊息跟我說想提供獎學金給品行端正、即使課業成績不好但力求上進的學生，希望能多少鼓勵他們在求學中所遇到的困境。這孩子說：「我當初成績也不是很好，所以想幫助跟我當初類似的同學，我沒辦法回饋給神祕阿姨，但是我現在稍微有點經濟能力，想把老師跟神祕阿姨的大愛繼續傳承下去。」神祕阿姨的愛在他的身上開花結果了！

「神祕阿姨」創立者的真心話

我們因為愛孩子而結緣，更因淑娟老師的付出而感動，我雖無過人的文采可寫出動人的詩篇，卻可用一份感恩的心詳實記錄溫暖的事實。

淑娟老師見體格瘦小的同學營養不夠，自備下飯食材；知悉家長失婚失業，急得幫忙家長找工作，讓孩子不至於連帶受苦；遇上孩子屢次犯錯承受家庭語言暴力時，淑娟老師挺身而出，和家長溝通苦求保證讓孩子能順利求學；孩子行為偏差時，引導全班同學共同成長關懷導正，更教導學生不能單方面接受，要懂得付出回饋；當我們家長想為班上學生盡些心力時，淑娟老師總能以孩子的需要，適切地提供意見；當一位孩子穿上淑娟老師選購的外套時，向她要求「媽媽愛的抱抱」時，孩子孤單的情緒有了出口，渴望母愛的心靈有了溫暖的依靠；得知班上一位孩子晚上在夜市打工時，淑娟老師便撥空偷偷地去探望關心他；當孩子流連網咖時，便以嚴師的角色請警察尋回，帶回校園。

淑娟老師能苦人所苦、痛人所痛，用心且細心思量地付出，讓身為家長的我們自嘆不如。每每思及那些要求老師「愛的抱抱」的孩子們，他們的淚在眼眶打轉著，他們的心溫暖了，而我們……卻心酸了！

淑娟老師，我們要代替孩子們向您說聲謝謝，人生這一段路有您細心的陪伴真好！您常自嘲是傻子，我們家長願意當傻子的加盟者！

第二章

他們不是邊緣人

躲在教室角落的隱形人

我在這班級二年級時臨危受命接手導師任務，是個完全沒教過的班級。第一天踏入教室，就發現阿良坐在教室後面靠窗戶的角落，整個人趴睡在桌面上。我叫了他幾聲，完全沒有反應，詢問班上同學他的狀況，同學們卻是此起彼落的用「廢物」、「腦殘」、「白痴」、「自閉」等詞彙來形容他，讓我聽得心痛又震驚，深怕同學的侮辱性言語會讓他很難堪，這時候我倒是希望他熟睡沒聽見，心想這孩子是如何在這個班熬過一年級的日子。我對這個班級完全陌生，前任導師出國了，我只能從少得可憐的輔導紀錄去了解概況，幫助並不大。請教任課老師，得到的說法都是阿良的學習意願是零，來學校上課幾乎都趴著睡覺不聽課，任憑老師叫他仍無動於衷，功課也不寫，老師們都快忘記他的長相。

我觀察阿良的在校作息。他常遲到，而且一進班上就趴在桌上，遇到放假日更是經常自動延長假期，一週在教室裡露臉的機會並不多，即便到了學校，也是無聲無息，很難讓人注意到他的存在。他是來學校補足睡眠的。偶爾見到他的真面目是中午吃飯時，他從抽屜拿出已發臭的便當盒去盛菜，這時正在盛菜的同學便如驚弓之鳥快速閃躲。平時也沒人敢靠近他，因為他的抽屜塞滿放置已久的垃圾，座位底下常有一大堆未曾清理的垃圾，他身上常有異味，沒有同學敢靠近他。後來得知，國一那一年阿良幾乎不曾參與班上活動，也很少和同學互動，日子久了就成了班上隱形人，甚至任課老師都懷疑他是「自閉兒」。

我經過多方探究，逐漸了解這孩子的家庭背景。阿良的母親在他讀幼稚園時就遺棄他，父親不務正業還染上吸毒惡習，甚至還常回家伸手要錢買毒品，父母都未善盡照顧撫養他的職責，把教養責任丟給高齡的爺爺。年邁的爺爺只能給孫子金錢上的滿足，來彌補他得不到的親情，這也造成他好吃懶做的惡習。阿良一放學就往網咖跑，肚子餓了還會賒帳要爺爺去付錢，不負責的父親偶爾回家，必給他金錢花用，阿良一旦身上有錢，隔天就不會來上學，有時候沒錢就偷同學的錢。因為沉迷網咖，常常沒洗澡及換洗衣服，身上才會有酸臭味，令同學不敢靠近。

我臨危受命接這班導師，發現這一班的特質是同學之間自成小團體，對班上事務漠不關心，即使有一些同學行為惡劣，大多數的人卻隱忍不吭聲，一副事不關己的態度，對老師則是愛理不理，也不會關心周遭事物，常聽到同學們罵人白痴、智障、腦殘等惡毒言語，未見有人雪中送炭，卻常出現落井下石的殘忍行為。這一班何只是「無情」兩字可形容，阿良在這個班會被形容是「自閉兒」的確有跡可循。面對如此不友善的班級，要如何喚醒學生的「良心」，是一項艱鉅的工程。我在百寶袋裡不斷地翻找，希望能找到適合的法寶。

★如何讓阿良從陰暗的角落中走出來，重見天日？★

1. 言教不如身教

首先要改善這個班言語霸凌的惡習，我以「將心比心」來引導他們，自己罵出去的話如果是罵在自己身上，感受如何？我以身作則，說出口的話，必定以「揚善隱惡」為原則，因為學生是看著老師的背影在學習，教室裡想要有「溫馨」的味道，「調味者」就是老師。我在班上的一言一行，學生全看在眼底，帶頭做才能達到「潛移默化」的功效。**老師也要懂得道歉，這是最好的身教**，班上若有學生犯錯影響整個班級，我必須在班上立即處理。過程中，我**先向沒犯錯的同學道歉**，因為老師生氣責罵人，但沒犯錯的同學也須承受這個壞氣氛，如此做法讓犯錯同學知道自己的行為會影響無辜的人，也讓守規矩的學生受到尊重。歷經半年的苦心經營，才逐步改善班上言語霸凌的惡習。

2. 私下溝通，給孩子改進的空間

想改變阿良，我則從**不斷地鼓勵他，並挖掘他的優點為起點**。我私下找他到學校水池邊和他聊天，先卸下他的心防**（真心建議老師儘量不要在導師室處理或責罵犯錯的學生，尤其是有很多老師在辦公室的時候。因為被責罵的學生會將注意力放在「有哪些老師看見他被罵了」，根本無心聽老師責備他的原因和內容，而且他沒了面子也沒了裡子，對老師講的道理更是左耳進右耳出。）**再教導他改善衛生習慣，以關心的方式而不是責罵的口氣來引導他改變。

3. 陪伴他做比命令他做更有效

我利用放學時間陪阿良把抽屜整理乾淨，也把發霉的餐盒刷洗一番。當時我們師生一起清理出一堆陳年的垃圾，看到一包放置半年多、乾掉的食物從抽屜掉了出來，師生兩人當場被這包垃圾嚇到笑出來。我鼓勵阿良，從明天起就是全新的開始，煥然一新的阿良要過新生活。

4. 建立阿良學習的信心

班上同學看到我對待阿良的態度，也跟著學習，我相信**「什麼樣的老師帶出什麼樣的班級！您怎麼看待您的學生，他們就怎麼看待您！」**長久薰陶的結果，同學們不再嘲笑他，最明顯的是阿良的課業也開始進步，尤其是上我的地理課時特別認真，考試卷上開始出現及格的分數，令同學刮目相看。我還半開玩笑地告訴全班，接下來要以阿良的成績為標準，誰輸給阿良就要受處罰，結果同學跑去拜託他千萬別考太高分。此時的阿良第一次有了同學的認同，看到這孩子露出驕傲又開心的表情，第二次段考還得到學業進步獎。從此體育課上出現了阿良和同學奔馳球場的身影，那真的是一幅人間最溫馨的畫面。

5. 留個台階下，給阿良有改進的契機

僅僅三個月的時間，我親眼看見這孩子正在進步中，欣慰之際，卻又出現棘手的問題。這個班從一年級就常發生偷竊事件，而阿良嫌疑最大，因為掉錢隔日他就不來上學，但同學苦無證據，前任導師也無法處理他。後來，我偶然得到證據證明，

真的是阿良偷的！我在不驚動同學之下找他懇談，用我最拿手的「心理戰術」，讓他自己承認偷了哪些人的錢。我們師生兩人打勾勾，此事只有我知你知和上天知道。不過，因為他把錢都花光了，無法立刻還錢。所以我請阿公來校說明事由，也請阿公不要再責罵他，給孩子一個改過自新的機會。阿公說這幾個月看到孫子乖乖上學，他好高興，答應和老師配合，分次扣掉阿良的零用錢來還同學錢。

當我將錢還給同學時，拿回失竊金錢的同學都驚訝不已，但我沒讓同學知道是誰偷的，規勸他們不再追究，給犯錯的人有機會改過。我的目的就是要讓阿良改頭換面重新出發，班上從此不再有掉錢的事發生。

然而，這個故事並沒有走向美好的結局。升國三的暑假期間，阿良的父親出獄回到家中，受到父親不良的身教影響，阿良又開始曠課，常整夜流連於網咖，最後被警察帶走。因為已是累犯，社會局把他安置到輔導機構，我曾去輔導機構看他，輔導老師說他的家庭完全失能，要在此安置，不會再回到學校，連畢業典禮也不能回去。

看到阿良因家庭因素再度迷失自我，我一年的努力化為流水，真的讓我心痛不已。我跟同學輕描淡寫地說他轉學了，心中卻是充滿無力及無奈，只能祈求阿良能碰到關心他、愛惜他的老師。

阿良是我教過的孩子中最讓我遺憾的，我沒有努力撐到最後，當輔導機構帶走他時，我好心酸好無奈，至今仍是我心中的痛！

阿良，你現在過得好嗎？老師真的很想念你！

★阿良教會我的事★

班級的日常活動中，常會有落單的同學神情落寞地遠遠站在一旁，沒參與活動、不願意分組、不喜歡團隊競賽，其實他們不是孤僻，而是不知道如何與人相處。就像阿良，他的內心渴望有同學陪伴，又因為害怕被拒絕而開不了口，怕被嘲笑寧可先築起一道牆防衛自己，免得再次受傷。

尤其班上最開心期待的戶外教學，對這些同學而言，是最感傷的時候。當大家興高采烈地討論遊覽車座位、寢室安排、用餐桌次、出遊小隊時，這些同學的內心卻是糾結難熬，尤其不經意聽到同學說不願意跟他同一組或住同一間，甚至要他去跟別班住一起，內心絕對是很孤單的。或許同學們覺得只是實話實說，但聽者的感受卻猶如一把利刃插入心坎裡。舌頭無骨，但是它卻強得能粉碎一顆心。

如果他鼓起勇氣參加畢旅或露營，一路上得忍受沒人陪伴的孤單及寂寞，所有旅途的歡笑聲對他而言彷彿局外人看熱鬧，所以有些同學乾脆選擇不參加，但不參加並不代表他內心的真實想法，而是**害怕面對被拒絕的傷害**。

沒有人喜歡被忽略及孤立，但有些孩子因不擅言詞表達而把自己陷入窘境，同學們若能主動且適時伸手給予關懷與安慰，即使只是默默陪伴，也能如寒冬送暖，點燃他心中的光明，別小看這把燭光，那會讓他明白——你是我們的同學，你絕對不孤單！

折翼小天使
慢慢飛

「小天使」是我接任英英二年級導師時，給她的暱稱。一年級時，英英是驚動學務處、輔導室的「小惡魔」，層出不窮的狀況讓她的導師疲於應付，學校也為她開過多次輔導會議。每當她要到資源班上課，就會抓著教室門把不走，或坐在地上嚎啕大哭，有時任憑老師威脅加利誘、恩威並施都無效。她在班上情緒失控，造成老師無法上課，同學怨聲載道，卻對她束手無策，班上亂成一團。這種戲碼一天上演多次，起初同學們對她是害怕而騷動，後來轉變成取笑與責罵，負面回應讓她變本加厲地鬧騰著，導師就更需費盡心力處理她惹出的事端，因此班上常處在低氣壓中。同學對她只有不耐及厭煩，不可能給她任何同情與包容。

英英領有情緒障礙和輕微智能障礙手冊，從國小就一直被同學取笑、孤立，到了國中，這些欺負取笑她的同學仍然繼續捉弄她，甚至變本加厲地傷害她。英英為了得到別人的關愛，常做出讓人心疼的事，例如掀開衣服給同學看，又或者當她被同學欺負時，會出現撞牆這種自我傷害的行為。我是英英一年級時的地理老師，我心疼英英，卻無法插手他人班務，心中感到好無奈，只能在私下給她關懷安慰。

也許心中對她的掛念讓上天感應到了，英英升二年級的暑假，該班導師拜託我幫忙接任導師工作。我任教這個班有一年時間，雖然上課時間不多，但因為關心英英的狀況，對於該如何管理這個班級，心中早有譜——首先，要讓這個班的學生重新接納她，讓她真正成為班上的一份子。

★如何點亮英英心中的光明燈？★

1. 建立英英的存在價值

英英有一半的上課時間必須與同學分離，到資源班上課，因此要她學習與班上相處，最好的時機是午餐時間。午餐時間是全班都在一起的時刻，我教育孩子吃飯時要請家中長輩吃飯的禮節，「導師」就是這個大家庭的長輩。因此吃飯時，同學一定會熱情喊：「老師吃飯！」我也會熱情回應他們。盛菜時，班上學生會先讓我盛菜，我一定會跟學生說「謝謝你」並互相禮讓，班上吃飯氣氛融洽溫馨。我特地請英英幫我拿便當盒，讓她當我的「小天使」，我常感謝她的貼心，在全班面前讚美她。午餐時間吃飯喊「老師吃飯喔！」最大聲的人總是她，這時她的臉上洋溢著開心喜悅的笑容。

2. 幫忙尋找英英的貴人

我拜託班上較和善的同學協助我照顧她，例如主動拿功課給她抄寫，尤其當班上有活動時，要帶著她，別讓她落單。我跟同學說：**「能當別人的貴人是件了不起的事，有一天在你最困難的時候，一定會有貴人來助你！」**英英雖然有學習上的障礙，但語文表達能力不錯，會在聯絡簿上寫出自己的感覺，她說二年級班上不再有同學嘲笑她笨，還願意借功課給她抄寫，這是她從上學以來最溫暖開心的感覺。我在她的聯絡簿上報以讚美及肯定的回應，正向文字的魔法讓她越來越有自信，從此到資源班上課不再發生情緒失控、不願意去的狀況，班上在詳和的氛圍下，同學也逐漸發現英英善良又熱心的一面。

3. 觸動英英的學習意願

英英越來越在乎自己的表現，甚至希望能跟上同學的學習進度，常主動拜託同學教她功課。數學科是她的弱項，低落的數學表現常讓她責備自己很笨，我鼓勵她把心思放在其它科目來提高總分。她的資源班老師感動地說：「英英二年級改變好大，現在已不須勞師動眾來帶她去上課，而且功課進步很多，最讓人感動的是常面帶微笑！」

4.「接納及包容」成為班級的實際行動

其實，過去英英不願到資源班上課，是因為不希望被帶離自己的班級，而且常有同學取笑她是「啟智班」的學生，讓她丟臉也受傷，這是校園常見的言語霸凌。

孩子雖然學業成績跟不上，不代表他們沒有自尊心。在班上「資源班」三個字就像帶刺的荊棘，束縛住弱勢孩子。同學常用輕蔑的語氣說他們是「啟智班的學生」，對他們造成的心理傷害既快又狠，**言語霸凌像根銳利的針刺痛他們的心，傷害有時比身體上的攻擊來得更嚴重。**如今英英願意去資源班上課，是因為班上同學接納她了，沒人取笑她；同學也會保護她，不讓別班同學捉弄她。這些正向進展讓她更自立更上進，不再成為別人的負擔。

英英畢業後常回學校看我，或打電話問安，她是我所有畢業生中最常跟我聯絡的一位。到了職場，她還是會遇到不友善的環境，我在她遇到挫折時給她溫暖鼓勵。有一次她生了重病住院，我到醫院看她，不捨之心讓我淚流滿面，懇求上天能憐憫疼惜她，也祈求社會更寬容，能在她無助時有更多的貴人相助！

英英出院後遇到教會善心人士全力協助，養好身體重新出發，在一家麵店工作，她的努力上進讓老闆準備升她為正職員工，這對她來說是工作能力受到肯定，她無比歡欣地跟我分享這份喜悅，還請我吃飯，聽到她爽朗地說：「老師，我請客喔！」我總算可以放下心，因為小天使要飛翔了！

★英英教會我的事★

在班級裡面，有些孩子家境貧困需要協助，有些過動孩子需要服藥，有些孩子學習有障礙，跟不上班上的學習腳步，有些孩子先天行動不便，有些孩子像刺蝟碰不得，其實背後都有著沉重的心理創傷，這些狀況即使老師沒說出來，同學們都「看得」清清楚楚，但如果導師不說清楚，同學之間的猜疑心、厭惡的表情、排擠行動、傷人的耳語，就會讓這些孩子遭受如地獄般的煎熬。像英英這樣的孩子，明明有身心障礙手冊，如果老師仍要求他們要有跟一般同學一樣的表現和課業量，對這些孩子來說，是很沉重的負擔。

英英的案例讓我深深感受到，適時地伸手給予她關懷與安慰有多重要，縱然只有短暫二年的師生情，也能如寒冬送暖，點燃孩子心中的光明，讓小天使在未來能發揮更大的能力守護自己，也關照別人，這是我們老師做得到也必須做到的！我們都可以讓心中的天使去感應、連結學生們的需要，用光與熱照亮每位學生的成長路。

英英的真心話

在我三歲時，爸爸就拋棄家庭了，我是由外婆撫養長大的，媽媽則已中風多年。剛踏入國中，我非常害怕學校的團體生活，常有情緒失控的事情發生，讓老師和同學很頭痛，因為我常在上課時間躲起來，讓老師找不到人，常常自殘、掀衣服給人看、坐在地上哭鬧……，我甚至還會用頭撞教室的門。老師們開很多次會議，就為了找到協助我的辦法。

國二時，淑娟老師來當我的導師，是我人生的大轉變。我有一些課必須在資源班上課，只有中午時間才能學習與班上同學相處。在午餐時光，淑娟老師教我們無論在家中或學校都要請長輩開動盛飯，在班上用餐時，我們都會喊：「老師吃飯！」喊最大聲的是我。淑娟老師分派一個工作給我——中午要幫她拿便當盒，當老師的「小天使」。淑娟老師常在班上同學面前讚美我，讓我臉上洋溢開心喜悅的笑容，最重要的是同學接納我，不再排斥我了。

國三時，我參加特殊生適性安置升學管道，成績非常優異，考上了國立台中家商。淑娟老師就像我的再生父母，不斷呵護著我。感謝所有我遇到的老師，您們都是我的貴人，沒有您們不會有今天的我，我鼓勵自己，也鼓勵像我一樣遭遇的人，不懂要問、不會要學，學了就做，錯了就改。遇到事情要勇敢面對不逃避，加油！

全家就是我家，順手牽羊的「姚可愛」

在育英待過十年以上的老師，必然聽過「姚姚」的大名，他真的是個讓人哭笑不得又無法對他生氣的孩子。他領有中度智能障礙手冊，一天到晚惹事，在我還沒接任此班「後母導師」時，每天一定會聽到學務處廣播他的大名，或是看到他張著大嘴開心地罰站，甚至還會跟經過的老師笑嘻嘻地打招呼，一點也看不出來正在被處罰。

他在學務處時常會上演滑稽的戲碼，像是學務主任明明在問他偷錢的事，他會扯到自己投籃很厲害，投進很多顆空心球，說到口沫橫飛、興高采烈，兩人雞同鴨講半天，學務主任已血壓飆升火冒三丈，還是問不出所以然。他就是這麼無厘頭，讓人又氣又好笑。主任處罰他，他會哭著說：「下次不敢了！」之後卻三天兩頭闖禍不斷，簡直像在考驗老師們的耐性。學務處辦公室幾乎是他的另一間特別教室，若一天沒來報到，反倒讓人覺得辦公室少了點生氣。

姚姚升三年級時，他的導師調校了，學校拜託我接任導師。以前我對這一班是站門外看熱鬧的心情，如今進了門，卻看到令我寒心不已的殘酷現象。原來姚姚發生的事端大多跟這個班同學蓄意捉弄他有關，我又接到一個艱辛的「後母任務」。

雖然我在孩子們二年級時上過一週兩堂的地理課，然而姚姚有近一半的課程在資源班上課，因此碰面機會不多。這個班多數人的學習意願都不高，教室髒亂不堪，好像颱風過境，地上都是垃圾，同學之間感情很冷漠，懶得理會周遭的人事物。我一接班的首要任務就是整頓他們的內務，整理班上的學習環境。

我跟學生一起刷地板，把教室裡陳年的垃圾清理乾淨，打掃過程中有位同學嘴巴嘀嘀咕咕地抱怨不停，說了一句經典的話：「等一下還不是會有垃圾，幹嘛打掃呢！」可能是他認為垃圾還沒把教室淹沒吧！我要求他和姚姚去倒垃圾，他面露不情願的神情拖著垃圾桶走，沒多久就見到他空手回來，唯獨不見姚姚的影子。這位同學說他去倒垃圾，而姚姚跑去玩了，我趕緊去找人，卻看到姚姚拿著兩個垃圾桶走過來。

查明此事背後的原因，竟然是班上很多同學常把自己的工作推給姚姚，如果不聽從就會打他，覺得他傻傻的好欺負。好幾次甚至要他跑腿去福利社買吃的回來，卻不付錢，或是使喚姚姚去做壞事，事後再由他一人頂罪，去學務處受罰，還警告他不可以跟老師說，否則會把他揍得更慘。姚姚因為被打怕了，在學務主任面前才會練就出雞同鴨講的工夫來。

★如何讓班上學生真心善待姚姚？★

1. 從根本改善同學欺負弱勢孩子的惡行

我慎重地跟班上孩子三令五申：「我絕不會讓別班人來欺負我的學生，但我更不允許班上同學欺負自家人！」以後姚姚的事歸老師處理，我讓他午餐時幫我拿餐盒，目的是要讓那些同學感覺姚姚常跟在導師身邊，讓他們有所忌憚，不敢再像以往欺負他，但解決之道，是要讓這班的孩子從根本改善欺負弱勢同學的惡行。會欺負弱小的人，背後必隱藏著過去被欺負的經驗，所以我一一輔導這些孩子，也讓他們看到我的處理原則是「賞罰分明，說到做到」。我告訴他們，老師對於姚姚為何會多一份包容的心思，因為人無法選擇出生的模樣，既然來到人世間，一定有他存在的道理，每個人都應該被尊重，而不是被區別為好與壞、聰明與愚笨、美與醜等等。待人要將心比心，你希望被別人如何對待，自己就該以相同的心思去善待他人。經過一段日子的諄諄善導，班上不再有同學欺負姚姚，而且姚姚也不再到學務處罰站了，他成為班上的「姚可愛」！

2. 溫和而堅定引導他，改善他的偷竊習慣

讓我傷透腦筋的是姚姚順手牽羊的惡習。一、二年級時的學校社團課時間，各班教室沒人，是他快樂愜意行竊的好時機，他很聰明，會將偷到的財物藏起來，讓人無法人贓俱獲。

升上三年級後，姚姚很「講義氣」地不偷班上同學的錢，只偷別班，甚至會利用短暫的午休結束前幾分鐘，偷偷潛入特教班教室，拿走裡面全新的文具，每天都只拿一樣（很聰明的手法，少量失竊就不會引起注意），簡直是當成他家的文具店來搬貨。我看到他常拿著嶄新又銳利的剪刀剪紙玩，為了安全我拿走保管，隔天又再出現一把新的剪刀，還會辯說是爸爸買給他的。有一次，他被發現書包內有好多罐沒拆開的墨水，這時特教班老師已發現文具少很多，找上門來問他話，姚姚剛開始死不承認又拿那套雞同鴨講的工夫裝無辜，讓特教老師無可奈何。我拿出一把把新的剪刀當證據，讓他不敢再亂扯，我對他說：「老師不喜歡愛說謊又會偷東西的姚姚，轉去別班吧，我不要姚姚了！」

沒想到這句話竟然讓他哭了起來，說以後不會再偷東西！後來發生一件讓我很

慚愧又欣慰的事，也讓我真心相信他真的不再偷東西。

3. 肯定善行，深植福田

事發某日中午，我收了班上學生繳的二千元，因為衣服沒口袋就放在講桌上，正巧姚姚很開心地拿著我的餐盒來大聲喊：「老師吃飯！」他眼睛瞄了桌上的錢一眼，說：「老師，錢喔！」午餐後，我帶著三年級技藝班到台中家商實習，人到了家商才想起講桌上的錢沒帶走，非常心急，趕緊打電話回校，請班長幫我找桌上的錢，結果班長說四處找遍了都沒有錢的蹤跡，我第一個反應是姚姚嫌疑最大，心中起了無名火，回去一定不再原諒他。

回到學校，副班長拿著錢來找我，說明姚姚看到老師用餐完匆匆忙忙地離開教室，桌上的錢沒帶走，就把錢拿走交給副班長保管，因為他要到別的地方上課，所以拜託副班長拿給我。聽到此，我真的為自己先入為主的想法感到羞愧不已。等姚姚從資源班上課回來，我當著全班同學的面感謝他的貼心，稱讚他正義的行為，全體同學都給他熱烈的掌聲，這是頭一次有同學給他肯定及讚美。我第一次看到他露出害羞的表情而不再是傻笑，我相信在這一刻，他的心田已種下善的種子了。

國中畢業後，姚姚老老實實地在親戚家的豆芽菜工廠工作，做個安分守己的人。早上我到學校上班途中，常會看到他在豆芽菜工廠門口刷洗地板，這是我每天看到最溫馨及安心的畫面，因為這孩子能靠自己的勞力與努力踏實賺錢，我不必再擔心他會被有心人士利用，去做違法的事。

★姚姚教會我的事★

姚姚的案例讓我深刻地感受到每個人心中都住著天使與惡魔，在友善關愛的環境裡，孩子會像天使般與人相處融洽，散發出善良及溫暖；反之，若一個孩子長久處在責備、欺凌、排斥及被陷害的環境，也可能喚醒心中的惡魔去報復周遭的人。沒有人可以選擇出生的模樣，但一定有他存在的價值，每個人都該被尊重。有些孩子會有一些天生的困難，師長不可能改變他們太多，唯一能做的就是陪伴他們走一段人生的道路，做他生命旅途上的加油站，上天給我們這樣的孩子，也一定有祂最好的安排！

第三章

原生家庭的緊箍咒——心門上鎖的孩子

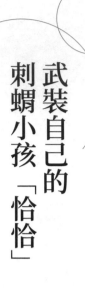

武裝自己的刺蝟小孩「恰恰」

有一年，我接了有史以來最艱苦的後母班，不但一個學生都不認識，更棘手的是原本的導師轉為該班任課老師。因為接手這個班級後，原導師的課堂比我這個後母導師還多，要收攏此班學生的心，是班級經營極重要的基礎，也是極大的考驗。

這個班上有很多學生上課時趴著睡覺，課桌彷彿已和他們的臉蛋合為一體，但一到下課卻個個一條活龍。到最後，老師們選擇對醒著的同學上課，不再做「無效的喊話」。在這群「趴睡族俱樂部」份子中，有位大名鼎鼎，無人不曉的孩子——恰恰。她來學校除了上戶外課，其餘課堂幾乎都在趴睡，偶爾抬頭起來聽課是給那位老師面子。如果正在好夢中，誰膽敢叫醒恰恰，她就賞給他一連串的三字經，連台上的老師都不放在眼底，同學只能噤若寒蟬，默默看著老師一臉生氣又無奈的表情。這些暑假時所收集到的情報，真讓我頭皮發涼，神經緊繃，思量未來將是艱鉅的改造工程。

★如何收攏此班的心以及陪伴有刺蝟型人格的恰恰？★

1. 認人大作戰

從答應接班開始，我只有二到三週的時間記住他們的名字，前任導師給的個人資料檔案裡，只有學生國小的大頭照及幾張國中兩年來的少數團體照。我像刑事警察辦案般比對特徵，從照片去認人，把他們的特徵做成筆記，要在兩週內把學生照片配上名字強記下來，對當時已五十歲的我是很大的考驗。而且這兩年來他們的樣貌變化很大，國小清純的大頭照到了國三，模樣幾乎都變了。為了暑輔見面時就能上手，我發揮了極大的想像空間，每晚睡覺前再看一眼，以便夢中與他們相見。暑輔第一天見面時，我叫對五分之四的學生，叫錯名字的，我只好自圓其說：「你實在變得太漂亮／帥氣了，難怪老師會叫錯！」學生聽了，不但不生氣還會安慰你。

2. 收集情資

除了請教前任導師、學務處（有些學生是學務處的常客）、輔導室、科任老師、學弟妹及同年級學生所知道的該班級八卦，還有一個我獨門的「祕密武器」，就是學生最愛去的熱門校園景點——保健室（有床位可以躺，順便名正言順地找到不想上課的藉口）。學生很愛找溫柔又善解人意的校護聊心事，因此我從校護口中得知班上哪些孩子身體有狀況要注意之外，也挖到許多別人不知道的資訊，對於未來我要輔導該班的孩子助益很大。蒐集情資後，歸納整理一番，大略了解該班的特性，我開始思索如何帶領此班，思考哪些孩子需要協助改善，也進一步了解是原生家庭造成的問題，還是與班上同學相處的問題。

很慶幸名聲響亮的恰恰沒參加暑輔，讓我有充裕的時間研究她的特性。暑輔期間的某一天，恰恰穿著超短褲加T恤，大搖大擺地走進教室，我還以為是社會人士誤闖班級，這是我們師生初次見面，原來她只是來學校拿資料。初入眼簾，她消瘦又乾扁的身影，讓我無法想像恰恰在班上有「潑婦罵街」的氣勢，我脫口說了一句：「妳怎麼跟我想像的樣子不一樣？」這句話留下伏筆，讓她對這個後母導師充滿好奇心：我到底把她想成什麼樣子？

3.「戴高帽子」戰略——甜言蜜語，以讚美取代處罰

這班最難教的任務之一就是打掃工作。願意做的永遠是那幾個孩子，而且還是默默做不敢吭聲抗議不公平。我得從頭教那些公主、少爺打掃的方法，有時他們還會跟我頂嘴說：「妳很囉嗦耶！以前地板都是導師打掃！」

遇到打掃偷懶叫不動的學生，一味地生氣責備他們，只會讓他們更討厭我這個後母導師。所以，最初要耐住性子教他們如何掃地及拖地（真的不誇張，現在的孩

子不會拿掃把及拖把是正常現象），只要做得一點點好，就**誇張稱讚**，像是「你一定是好男人俱樂部的會員」、「像妳這般能幹，以後是很搶手的媳婦」。若打掃得不怎麼乾淨，我還是跟他磨，磨到他做好為止。有時候，我會懷疑自己真是個「馬屁精老師」，但為了改善班上整潔，仍咬著牙繼續誇讚，到最後學生受不了我對他的讚美，想偷懶都會不好意思，這種日子短則半個月，長則兩個月，辛苦過後我就開始品嚐甜果了，因為他們會自動打掃到讓人讚不絕口。

4. 見面三分禮，好話先出口

因為三年級才接手這個班，原導師又是這個班的數學老師，課堂相當多，這讓我在班級經營上如履薄冰，因為只要稍不順學生的意，他們馬上來個前後任導師「究極大比較」，所以我若想要開導學生，都要先絞盡腦汁，以**正面詞句肯定他**，如：「你給老師的感覺是勤奮又上進……」見面三分禮，先打動學生的心，再跟他溝通才好延續。如此費盡心思，是因為沒有人喜歡被後母導師批評及責罵，如果一開頭師生就火藥味濃厚，學生只會從此封鎖溝通管道，順便再罵我這個後母導師給前任導師聽。

5. 拐個彎說話，另類的角色扮演

費勁地教導了半個月，全班同學幾乎都能做好自己的本分工作了，只有恰恰是班上唯一堅持不願動手做的孩子，而且還對我說了一句驚人的豪語：「老師，妳很大膽喔！敢叫我打掃，國中兩年來我從沒有打掃過！」當下我沒有因為這句話生她的氣，反而是從容不迫地輕輕牽起她的「玉手」，左看右看，故意以算命師口吻跟她說：「妳的手背一看就是千金大小姐的手，手指纖細修長，不是做粗重工作的命！」她開心地笑著問：「老師，真的嗎？」我再翻開她的手掌，故作驚嚇並搖頭說：「妳的手掌紋路走向，指出妳原是貴婦命格，但個性太強，脾氣又衝，婚姻事業起頭順利，但後面淒慘無比！」聽完我這位無牌算命師的分析，恰恰非常吃驚地問我：「老師，妳會看手相嗎？」我回答她：「天機不可洩露，我只跟有緣人提點，妳跟我很有緣，老師不忍心看到能力這麼好的女生，往後日子阻礙重重，命運多舛！」

有了這次開場白，讓我找到和恰恰對談的契機。

6. 探究根源，對症下藥

我從校護那裡略知這孩子的家庭有特殊狀況，因此我才能對症下藥，思索如何打開她的心扉。恰恰滿口三字經、脾氣暴躁、常看人不爽，絕大部分起因自她的家庭。有次她跟我聊天，提到家人時，她突然間滿口粗話幹譙她的母親，對母親的恨意是咬牙切齒。她說姊姊因為比較聽話又會幫忙父母做生意，深得母親疼愛，在家中，她常被拿來跟姊姊比較，因此常常挨罵。她說：「媽媽永遠只說姊姊好，從來沒對我說一句好話！」母女見面幾乎都是吵架收場，她很討厭這個家！

我們為人父母常犯的錯，就是把自己的親生骨肉拿來比高低，卻忘了自己手指伸出來也是不一樣長。她母親的「比較心」讓她起「嗔恨心」，常罵她一無是處，讓她自卑感很重。她沒有因為母親的嘲笑及辱罵而奮發向上，反而是躲進網路遊戲中尋找安慰，因此學校是她發洩情緒的地方，也是她整夜沒睡補眠的場所。

7. 雙管齊下，柔軟這顆刺蝟的心

光靠我一人的力量是不夠的，幸好班上的輔導老師已教她兩年，是位很溫柔的老師，恰恰常跑去找她訴苦心事，輔導老師也私下跟我討論引導她走出這個狂飆期的方法。我們雙管齊下，試著柔軟這顆刺蝟般的心。半年來，恰恰的暴烈脾氣雖然修正了些，但如果其他老師上課時多念她幾句，她也會馬上六親不認，一連串三字經脫口而出，翻臉就像翻書。其實她過去惹出的「口禍」罄竹難書，一言難盡，被記很多支警告。母親曾對她放狠話，國中畢業後不讓她升學，因此她對於被記多少支過都覺得無所謂。

三年級時，她選擇餐飲技藝班，還入選為比賽的選手，能力很強，卻因為太過自我，無法與他人協力合作，因此餐飲團賽中未能獲得佳績。這些挫折經驗讓她慢慢地感受我曾經對她說過的話：「個性太強，脾氣又衝，婚姻事業起頭順利，後面淒慘無比！」往後，她逐漸能聽進我說的話，三字經也較少出現了，還會熱心參與班上活動。因為生活作息比以往正常，上課較少趴睡，中午也會開心地和同學吃飯，國三這一年不但長高，而且臉頰豐腴很多，臉上多了青春洋溢的笑容，讓很多老師讚美她的轉變真是脫胎換骨。說真的，只要恰恰不開口罵粗話，任誰都會誇讚她是個美人胚！

8. 給想起飛的風箏來點助力

到了國三下學期面對升學時，恰恰非常沮喪，認為再努力表現也沒用，因為母親不答應讓她升學。為此我主動打電話給她的母親。電話一接通，恰恰的母親整整罵了她半個鐘頭，完全沒有給我插話的機會，母女倆的怨氣結得很深，母親從頭到尾幾乎是批評及厭惡。恰恰會變得叛逆不講理，原來背後的推手就是母親長期的言語霸凌。我當時回了她的媽媽一句話：「妳的女兒說她很崇拜媽媽，因為這個家是媽媽辛苦撐起來的，她以後要跟媽媽一樣，當個女強人！」結果她的母親說恰恰的個性太像她，以後會很吃虧的！我趁著母親的情緒緩和下來跟她說這孩子在校表現種種的優點，她不敢置信，我提醒母親「換位思考」，如果換成是自己承受這些罵她的話，會是怎樣的心情？最後母親反省自己沒以身作則，情緒不好，脾氣一來，就罵恰恰出氣，往後會改善對女兒的態度。

自從母親同意讓恰恰升學後，她變得很積極爭取升學管道，輔導老師誇獎她的聲音非常動聽悅耳，一直給她信心打氣，鼓勵她勇敢嘗試某高中影視科的特色招生。她真的鼓起勇氣，自己搭車前往學校應試，輔導老師說這個舉動對恰恰來說是很大的考驗，因為她願意跨出一步去追夢了。恰恰這半年多來的改變，真讓人刮目相看，昔日內心非常自卑，卻以張牙舞爪掩飾自己的恰恰，今日如毛毛蟲轉化成蝴蝶般，脫胎換骨了。

★恰恰教會我的事★

世上確實有不配為人父母的人，但對大多數人而言，父母都是愛我們的，只是有些父母受限於價值觀、知識、成長背景的差異，用粗暴的言行表達他們對子女的關愛，這種會讓人疼痛的愛，常成了親子間難以抹滅的傷害，甚至變成孩子成長過程的心理陰影。更糟的是，孩子會在生活中不知不覺複製自己爸爸或媽媽的行為模式。因為父母不只帶給我們ＤＮＡ，家庭生活也影響著每個人的習性，留下身心的印記與回憶。

我擔任恰恰的導師只有短短一年，她的行為態度曾讓我氣得牙癢癢的，因此更能體會他們母女短兵相接、怒目相視的景象，要順服這個隨時張刺傷人的女孩，需要無比的耐心及愛心，才能讓她有自覺**「原生家庭可能會影響你一陣子，但未必能決定你一輩子」**，下定決心轉變。

幸好，我沒有點燃這把「火」

宗維長得人高馬大，臉上帶著一點也不像國三生的成熟神情，他上課趴睡的狀況很嚴重，甚至有時前一天太晚睡了，隔天乾脆不來上學。我必須常打電話找人，有時他中午過後才出現，但來了還是繼續趴睡，即使人來到學校，也常藉口不舒服，要去保健室休息。

宗維的母親很早就過世，成長過程幾乎是靠阿嬤照顧撫養。他跟爸爸的關係非常冷淡，父子倆幾乎沒互動。阿嬤說宗維的學費及零用錢都是他自己設法張羅，父親沒給他生活費。更棘手的是，阿嬤說自從宗維二年級暑假去打工後，變得很會花錢，而且酒肉朋友一大堆。我見他常常曠課也不願請假，原本要打電話跟他的父親溝通此事，幸好由校護給的資訊中得知，小學時老師曾向父親告狀他在校的行為，爸爸竟然暴怒打斷他的手，父子從此形同陌路，而宗維對導師更是敬謝不敏，拒絕溝通。

得知這個訊息，我決定暫且不跟爸爸聯繫，因為目前他們**父子的關係冷淡，我如果再跟父親告知孩子的狀況，不但於事無補，還可能讓親子關係更火爆，也讓我們淡薄的師生關係直接惡化。**

宗維為了賺取生活費，晚上必須去餐廳打工，提早進入職場讓他比同年的學生早熟且社會化。我要對症下藥，讓孩子感受到老師的真誠相待，而不是管教及說教，如此才有機會讓宗維願意敞開心胸接納我。

★如何打開宗維的心扉，接受導師的關懷？★

1. 老師的用心良苦需要同學能體會並支持

我事先跟班上同學討論，要宗維來上學已是一件不容易的事，即使他來學校只是睡覺，但他肯來上學而不是曠課，比在外面鬼混不知行蹤好。我請同學們要珍惜國三這一年的相處，他每來學校一天，我們就多一天的相聚，因為只有他來學校，我們才有機會給他關心，否則他在校外的生活不是我能干涉到的，他的家庭關係也非我能力可改善的。

2. 用真誠細膩的關愛感動他的心

宗維把教室當「補眠所」，熟睡到連中餐都懶得起來吃。班上沒人敢叫醒他，因為不但叫不清醒，他還會賞你一堆髒話，連任課老師都照罵不誤。他會一直睡到下午，準備放學時，同學搖醒他，此時的他一臉睡飽滿足的笑容，絕不會對人口出惡言。

剛開始我試著在他睡著時，輕輕地幫他蓋上外套，他偶爾會驚醒，正準備開口罵人時，我對他說：「天冷，老師怕你著涼！」班上午餐時刻，我會特地叫他起來吃飯，每當他被吵醒，一臉不悅準備飆三字經時，我跟他說：「你晚上還要去工作，沒吃飯會沒體力！」頓時，他猙獰的表情柔和下來，說了一句：「老師謝謝，我不餓！」因為從來沒有人如此對待過他，過了段時日，宗維漸漸感受我的暖意，偶爾會醒來和大家一起吃飯，與班上同學相處次數多了，他開始積極參加班級活動，像是園遊會，他幾乎是全班出力最多的人。

3. 使用有效的語言溝通

面對如此早熟的孩子，那一套要認真讀書、要守規矩、要來上學之類的要求，是完全無效的言語，所以我選擇以關心取代說教。冬天時，當他放學準備去上班時，我提醒他下班會更冷，要記得圍條圍巾保暖；平時，在聯絡簿上我也以關心的語氣鼓勵他，不寫批評也不寫責備的話。

宗維在母親節當天，用他的薪水買了蛋糕在班上幫我慶祝，讓輔導他兩年的輔導老師感到不可思議。

4. 讚美的語言澆熄家長的怒火

畢業前夕，宗維的爸爸主動打電話找我，他開頭就直接批評自己的孩子沒用又很不孝，上國中以來幾乎不跟他說話，連珠炮地向我發洩他對宗維的種種不滿，我整整聽了快半小時的抱怨。這過程中，我調整情緒，思索著如何緩和他們父子間的怨氣，好不容易讓我抓到發語權時，我對爸爸說了一連串宗維在學校好的一面，絞盡腦汁地想台詞來誇讚他的優點。爸爸不敢置信自己的兒子會得到導師讚美，他說小學老師幾乎都是跟他抱怨宗維在校違規的行為，讓他非常氣憤，常常動手教訓他，在國小時狠狠地打他，到了國中，宗維是完全不叫他爸爸了。

我很慶幸自己當初很小心，沒再點燃他們父子間的戰火。

★宗維教會我的事★

如果老師沒有事先了解學生家中的親子相處狀況，不清楚親子有火爆關係，就直接跟家長告狀，換來的可能是親子暴力相向的局面。事後學生會怨恨導師向家長告狀，引發的後遺症是師生間的關係惡化，學生不再信任老師。

在今日校園裡遇到宗維這種狀況的學生，如果導師一味地拿班規或校規處理，只會讓他逃離學校更遠，再也呼喚不回來，最後成了中輟生，將來付出的社會成本可能更大。我珍惜把握可以跟他當師生的這一年，希望在他的生命中，記得在學校曾經有位老師愛過他、關心過他！

超愛幫人跑腿的里長哥

廷廷是學習上較低成就又過動的孩子，瘦小的他戴著和臉不成比例的大鏡框眼鏡，每天他會在課桌上擺滿各式文具在上課中玩弄，任課老師沒收之後隔天又有，如此循環是因為他家開五金行，永遠不缺這些東西。除此之外，他常跟同學發生衝突，為了處理他層出不窮的糾紛，我利用課餘時間設立「簡易法庭」處理他惹出來的糾紛。雖然處理廷廷和同學間的糾紛耗掉很多我的課餘時間，但過程仍力求公平公正，讓他心服口服，而且希望能引導彼此原諒對方，治癒他在國小被不公平對待的創傷。

廷廷書包內常有美工刀、剪刀（很多長期被欺凌的孩子，常會在書包內放美工刀），即使三令五申不能再帶來，仍防不勝防。有一天，美工刀真的成了意外的凶器……。

他跟同學在玩鬧中，美工刀刺傷了同學胸部，看著鮮血流出來，他當場嚇到臉色蒼白，無法動彈，還是其他同學趕緊護送受傷同學到醫護室。幸好對方皮下脂肪厚，只流一點血，但也夠給廷廷震撼教育了。我跟廷廷的家長溝通，希望家長協助配合不再讓他帶危險物品來學校，沒想到廷廷隔天來校時，手臂上出現一條一條被打的瘀青痕跡。原來我跟廷廷母親溝通後，在他放學踏入家門時，母親就拿水管往他身上打。聽完他的陳述讓我深深地自責，往後跟家長溝通時要多份心思考量。當我深入了解廷廷的家庭狀況後，才知道從國小母親就時常體罰他，即使有同學在場，也照打不誤，即使孩子苦苦哀求也不理會。母親認為這是教育他犯錯的行為，只有打得夠痛，孩子才會記得不再犯錯，由此可見廷廷在校狀況百出是有跡可循。因此，我調整方法，**對家長只報喜不報憂，聯絡簿上儘量寫讚美肯定他的話**，我跟廷廷說老師不忍心看到他再被家長體罰，希望他能明白我的用心良苦。

★眾裡尋他千百度，何處是廷廷的亮點？★

1. 細心觀察，找出孩子的亮點並大聲放送

我發現廷廷喜歡做讀書以外的事，例如幫老師跑腿拿東西，又常熱心主動幫老師和同學做事，大掃除時他是全班最認真工作的一位，這就是他的「亮點」。因此，我特地安排他打掃能見度很高的樓梯，誇讚他打掃過的樓梯有如「星光大道」，甚至在班上，我在同學面前感謝他用心打掃，讓走這樓梯的人心情愉悅。**孩子無法在學習上表現突出，就教他做事的態度，因為這才是他拿得走的能力**。我一再肯定廷廷的付出，讓他越做越起勁，三年級的他不再跟同學摩擦起口角，化身為師長的得力小幫手。我常在上課中公開表揚及獎勵他，讓孩子知道自己在課業成績外，也能

找到亮點。只要聽到有老師或家長、同學讚美廷廷，我一定會盡力放送，除了在班上讚美外，還特地在聯絡簿上寫下他的美事讓家長知道，班親會時更會在家長面前再表揚一次。

2. 改善飲食習慣，提升學習力

我觀察廷廷早餐常吃巧克力這類甜食及含糖飲料，中午常因吃太多零食而吃不下午餐，長得瘦瘦小小又非常好動，無法專心聽課。從國一起，我像個囉嗦的媽媽，常常念他要吃正餐才會長得比老師高，只要午餐有高鈣的湯品，我會鼓勵他多喝些。也許是我的出發點讓他感受到導師的好意，開始會在中午跟大家一起吃飯，即使剛開始只吃一口飯喝一口湯，我都為他拍拍手。同學也會幫忙盛菜給他吃，在班上溫馨的午餐氣氛中，他開始吃正餐，到了國三時甚至還幫忙把青菜吃光光，畢業前竟然整個人抽高，整整高過我一顆頭，而且原本上課玩弄文具坐不住的狀況也已改善。更重要的改變是，廷廷成了我們班公認最有服務熱忱的「里長哥」。

廷廷三年來的改變，讓我想到一則寓言故事〈南風效應〉。北風與南風比賽誰的威力強大，看誰能讓行人脫掉大衣。北風吹出刺骨的寒風，行人因為怕冷，反而包得更緊；南風則吹出柔和的暖風，行人覺得很溫暖，便脫掉大衣，南風獲得了勝利。當學生今天在學校表現得好，許多老師或家長會認為這是應該的，有什麼好鼓勵呢？但是當學生出現一個小小的錯誤，如果我們只會斥責他，忽略他好的表現，這時老師、家長就像「北風」一樣，只會讓孩子想逃開、想躲起來。

廷廷的家長常用體罰及斥責的方式教育他，即使有旁人在場也依舊，這種不被尊重的傷害，是孩子自卑感的由來。慶幸我沒有如此對待廷廷，因為我找到他的亮點並給予肯定，投以讚許的眼光，他也從大家的反應中看見自己的優點，進而激發上進心。

第四章

你不懂我！——期待被理解的孩子

爆竹性子的女孩，一點就炸開來

玉玟是個很有主見的孩子，卻得理不饒人，常張牙舞爪地捍衛自己的想法。每天早上她到校後，只要聽到一句不順心的話，就會像打火機點燃爆竹，瞬間空氣中瀰漫如烈火般的氛圍，讓人不敢吭聲。如果又有同學不小心踩到她的線，她會馬上「鏘！」一聲用力摔東西，怒氣沖天地瞪著同學再爆出連環三字經。遇到這樣的孩子，處理她的事端必須謹慎小心，因為她常用放大鏡檢視別人，「嚴以待人，寬以待己」的個性讓她常跟人起衝突，在她的字典裡，是「千錯萬錯都是別人的錯，自己沒有錯」。

開學初，她的壞情緒常波及無辜師生，想跟她溝通時，一道厚實的高牆馬上擋在師生中間，因為她心中認定導師一定會跟她的媽媽一樣，又是滿口大道理準備教訓她。想打開她的心扉並不容易，我幾次想試探水溫都無功而返，因為她築起的高牆非一日所形成。

玉玫的母親到校找過我幾次，開門見山就是抱怨女兒惹得她很煩心，說玉玫從國小就倔強不講理，她忍無可忍，卻拿她沒辦法，明明想關心她卻常一言不合變成吵架收場，這種戲碼幾乎天天上演，而且越來越嚴重。母親跟我溝通的過程幾乎是歇斯底里，一下子憤怒一下子悲傷，有時又講一大堆大道理要導師配合她。因為玉玫剛上國一，我對孩子的狀況還在摸索中，先讓母親抱怨完，我再思索如何輔導玉玫。

1. 設法終止母親的情緒勒索

為了打開玉玫的心扉，我下了很多工夫，因為這孩子的防衛心很強，不輕易吐露心聲，直到有次寫學校段考作文題目〈我的家人〉，才在字裡行間透露她對家的不滿及恨意，尤其對母親的不公平對待更是咬牙切齒。國文老師私下拿她的作文給我看，最令我怵目驚心的是「媽媽去死」這樣的字眼多次出現。因為我才帶班一個多月，師生還在磨合，如果倉促出手，孩子會把溝通的管道關起來，往後就更難打開她的心扉。

有一天早上，玉玫母親氣呼呼地抓著女兒來學校找我，說女兒動手打她，當下我直覺不可置信，趕緊帶著母女到人比較少的地方處理。母親罵人的聲音大到似乎要讓全世界都知道女兒打她，當下我臉色嚴肅要求母親離開學校，由我處理孩子的事，歇斯底里的母親被我的聲勢嚇一跳馬上閉嘴，我明白地告訴她，請留給玉玫一個顏面，因為孩子還得上課，母親才悻悻然轉身離去。

2. 用溫暖安心的擁抱卸下孩子的心防

看著玉玫緊握拳頭，眉宇糾結，似悲傷又似非常憤怒，真的讓人看了很心疼，當下我只對她說了一句話：「你吃早餐了嗎？」玉玫突然放聲大哭猛搖頭，我伸出手把她抱在懷裡，讓她盡情哭，我靜靜地陪伴著她，等到她啜泣聲逐漸平息，再拿出面紙幫她擦眼淚。看著她哭腫的雙眼，我幫她請假一節課，師生兩人找個安靜角落坐下，拿一份臨時買的早餐給她吃。

當她心情逐漸平復後，娓娓道來情緒導火線。原來家中還有個弟弟，很會跟母親撒嬌，跟玉玫的個性完全不同，弟弟因為嘴巴甜，想要什麼東西，母親幾乎是有求必應，如果姊弟兩人爭吵，母親常是要求姊姊讓步，只因為弟弟年紀小。父親長期不在家，教養的責任全落在母親身上，對婚姻的不安讓母親常處於情緒失控狀態。玉玫脾氣剛烈，因為常目睹父母吵架過程，她認為爸爸不想回家都是媽媽害的，媽媽若心情不好，便常歸咎是玉玫不聽話，爸爸才不想回家，母女非理性的爭吵，讓親情裂縫越來越大。

國小的弟弟很會察言觀色，深得母親疼愛，甚至很有心機地製造機會讓母親責罵玉玫，受了很多次委屈的她曾想要有母親的呵護，卻常換來母親無情的斥責，時間一久，玉玫就不太願意跟母親說話，在家只會拿著手機跟朋友聊天，母女幾乎無話可說。母親不知道她在想什麼、做什麼，每次開口問，她就回嘴：「用不著妳管！」此舉讓母親火冒三丈，以至於母女一旦吵架，惡毒的話就脫口而出。

有一次發生嚴重言語衝突，母親氣不過，狠狠地打了玉玫一個耳光，當下她還手推了母親一把，害母親一個踉蹌差點摔倒在地，當下母親嚇傻了，養女兒到這麼大，這是玉玫第一次有膽量還手。看著母親歇斯底里，邊罵邊哭情緒崩壞，讓玉玫不知所措，原本要跟母親道歉，但母親又用力反打她後，她的心頓時跌落深淵，只有「恨」字在腦海盤旋不已。

3. 雙管齊下，處理親子摩擦的根源

事後，我特地請母親到校晤談，我先掌握發話權，不再讓她毫無節制地抱怨傾倒情緒，尤其我請她不要再隨意到教室把女兒叫出去罵，不但造成老師上課的困擾，也讓玉玫當下很難堪，她的行為會深深刺傷孩子的自尊心。後來我得知，母親從玉

玫國小的時候就常常到學校找導師抱怨女兒，玉玫對導師的不信任也是從國小開始，因為導師跟母親站在同一陣線，只會罵她，沒有人願意聽聽她的心聲，因此每天幾乎都處於壞情緒中，隨時防備別人對她的不友善，只要同學說的話不順她的意，馬上啟動防衛心，把在家中跟母親對峙的模式搬出來，跟老師及同學們槓上。

4. 當孩子的「祕密花園」及避風港

這一次機緣讓玉玫願意把心事說出來，我勉勵她「不要讓過去的不幸，決定你的未來！」我指著天空跟玉玫說，烏雲來時雖然會下傾盆大雨，但很快就會雨過天晴，不要讓烏雲一直駐紮在心底，導師願意當她的**「祕密花園」**，心情有烏雲時，來到祕密花園，老師會陪伴她撥開烏雲見藍天。

我一直當著玉玫的「祕密花園」直到畢業，當她跟母親起衝突時，會來找我談，她說**導師很像她暴風雨來時的避風港，暴風雨過了情緒也平復，就不會發洩在周遭人的身上。**期間我也私下跟母親溝通，因為有我擔任橋梁，母女之間開始有理性的溝通，不再互相用言語傷害彼此。

畢業後看到玉玫在臉書上分享跟母親開心吃飯的畫面，尤其是母女相擁笑開懷的照片，這就是我最甜蜜的回饋。

★玉玫教會我的事★

每一個我們所謂的「問題學生」，其實是學生碰到問題不知道如何解決，像是玉玫只能用自認為「對」的方式來面對，結果常常傷到他人，也讓自己陷入困境。如果老師沒有探討原因，而是一味地用班規、校規處理，反而容易造成師生劍拔弩張，導致兩敗俱傷。我明白家庭的不和諧會深深影響孩子的心理發展，尤其**不被理解的心結會累積情緒，越來越難解套。**

導師如果只聽家長片面之詞，跟家長站在同一陣線，同樣用斥責的方式對待孩子；孩子在校犯了錯，導師就直接向家長報告，那麼原本就很火爆的親子關係會更易燃，像提油救火般，一發不可收拾。**老師、家長和孩子們應該是合力拉動一股繩**

子，而非形成兩端勢力，否則任何拉鋸與自以為是，都是對孩子心理的撕裂。玉玫的案例是我願意當她暴風雨來時的避風港，一旦暴風雨過了，她情緒也平復，就不會發洩在周遭人身上，對她及班上師生而言都是得利者啊！

等待窗外出現藍天的沉默小孩

小閎是我脫離「後母」身分，從一年級開始帶班的學生。新生暑期輔導時，我的任教班被拆班，原本暑輔可以不必擔任導師工作，但勞碌的個性使然，仍每天很早就到學校上班。拿到未來班級學生的名單，我一刻也不得閒地開始做學生檔案，親自把分散到各班的學生找來拍照，註記他們的姓名及身高，簡單訪談他們在國小擔任的幹部及專長，以便開學後能馬上掌握資訊做班級經營。

沒有參加暑輔的學生，我則是一一打電話訪談，順便向家長打聲招呼。當我打電話到小閎家，他的母親說孩子每天都很晚才睡，白天會睡到下午才起床，根本無法叫他起床去參加暑輔。我建議母親隔天無論如何載小閎到學校一趟，讓我先認識他，以便開學可以安排他的座位。母親聽完非常興奮，直說現在怎麼有老師這麼熱心。

當小閎踏入辦公室，進入我眼簾的是臉上掛著熊貓眼、一副睡眠不足還微微駝背的模樣。剛開始我以為是哪位家長來找我，等到母親開口說要找淑娟老師時，才回神驚覺對方是我未來一年級的新生小閎。當下心想：一個十三歲的孩子竟然有四十多歲先生的身影，這孩子到底經歷了多少滄桑啊？

我跟孩子簡單地聊聊，問他想不想參加暑輔，孩子拚命搖頭，母親卻拚命點頭，我跟母親說先別勉強他來上課。送走他們母子後，回憶母親跟我提到小閎在國小被老師帶頭言語霸凌及孤立的過去，讓他的國小日子過得非常痛苦，導致他幾乎把自己鎖在自己的小天地。在校上課狀況不佳，跟同學很少有互動，到了高年級更嚴重，國小導師還跟母親說要帶小閎去看精神科，這讓她當時感到無助又悲傷。小閎回到家就守在電腦桌前，甚至連吃飯也是端著碗坐在電腦桌前扒飯吃，上廁所才會與電腦短暫分離，跟家人也很少有互動，晚上是電腦陪著他入睡，這情況在小學畢業後更嚴重。

★如何引導小閎走出內心的囹圄？★

1. 同儕的鼓勵，啟動他的改變

我帶班向來採**分組學習**的模式。暑假期間，我根據收集來的資料，先幫學生分成六人一小組，這樣的好處是開學初期同學彼此不認識時，可以先從自己的組員開始熟悉。

我預先挑選過小閎的組員，期待這些組員在我領導下能伸出友善的手接納他。開學初期，母親會載他來學校，沒有遲到的問題，後來讓他自己騎車上學，就開始有遲到的狀況發生。在分組競賽中，全員都沒遲到的組別可以升格，小閎的遲到讓他的小組無法升格。我注意到他的狀況，跟班上同學討論一起為小閎加油，只要他明天比今天早到，就升他們小組一格，同組的同學也紛紛鼓勵他。隔天，我親眼看著他氣喘吁吁地衝進四樓的教室，雖然還是遲到，但真的提早了幾分鐘，我帶著全班同學為他鼓掌，稱讚他為小組付出的努力，這孩子露出靦腆害羞的笑容。他的聯絡簿上寫著同學及老師對他很友善，讓他很不習慣卻喜歡這種感覺，明天開始他會早點出門上學。

2. 找到遠離電腦桌的契機

但小閎沉迷電腦的狀況並沒有改善，早上他到校後常一碰到課桌就迷迷糊糊地進入夢鄉，早自習時間常常都要喊他起來多次。小閎被叫醒時帶著很不好意思的表情，跟一般趴睡族被叫醒呈現凶惡的表情完全不同。我明白他想改變現狀，但晚上睡眠不足讓他心有餘而力不足。沉迷電腦已久的孩子不可能一下子就斷癮，我只能漸進式引導他。

我的先生提出，只要學生願意學，他就願意義務幫我的班級加強數學，這讓我靈光乍現，想出改善小閎沉迷電腦的辦法。我去做家訪，主動跟小閎的母親說師丈願意幫孩子課後上數學，母親很開心地提供場地，讓班上孩子到他們家上課，如此增加小閎跟同學互動的機會，也減少他碰觸電腦的時間。

3. 友善溫暖的班級氛圍，啟動孩子的自信心

第一次段考成績揭曉，讓同學跌破眼鏡的是上課常睡覺的小閎成績居然比其他同學高，因為我的班級經營採「段考小組競賽」，每組找三或四人當成績競賽選手，小閎是各科的代表選手這點也是他建立自信心的起頭。段考總冠軍的小組，會有家長送來獎勵品（班上的成績獎勵非考試成績排前三名的學生），我讓家長親自到班上頒獎，小閎的母親主動要求送來獎勵品，因為她對自己的兒子表現感到開心。小閎的母親送來獎勵品鼓勵同學，也給全班同學每人一份安慰獎，同學們感謝小閎的媽媽的美意，也分享到暖烘烘的母愛，小閎在聯絡簿上表達自己的感覺，說這是第一次感受到班級友善又溫暖的氛圍。

建立起小閎的自信心後，我開始探討他沉迷電腦的原因。到他家訪問時，發覺

家人因為做生意忙碌，沒時間跟孩子互動，連吃飯也是各自買飯吃，小閎常端著飯坐在電腦桌前吃，一直到睡覺時間都很少離開座位，這也是他常沒寫功課的原因，電腦佔掉他太多時間了。當我發現他長期坐姿不良，脊椎明顯彎曲，突然讓我想到方法了……。

4. 打開小閎的另外一扇窗

一年級健康檢查時，小閎脊椎側彎很嚴重，醫師建議治療，但他不願意，無論勸說多少次皆無效。母親很傷腦筋地找我商討方法，我建議她讓小閎參加學校武術社，藉由練功調整他的身材。沒想到武術社竟然打開小閎的另一扇窗，他不但專心練武，還代表武術隊參加比賽，榮獲多次佳績，最重要的是建立了自信心，他會在班上展露威武的招式及蹲標準的馬步，同學給予熱烈掌聲，讓他露出興奮又開心的笑容。最重要的是他不再黏在電腦桌前，因為練武術就耗掉他大半時間。我以為小閎從此就會在藍天下盡情揮灑青春，但畢業後的他卻傳來讓我心痛的事。

5. 一日為師，終身保固

小閎畢業後升上高職，在學校碰到以罰抄寫為管教手段的老師，舉凡上學遲到、考試不及格、功課沒交……，達不到標準就是加倍罰寫，結果小閎寫到半夜也寫不完，如此惡性循環造成更多罰寫，他無法再面對這種挫折感，又再度躲入電腦世界裡。不被了解的苦悶及寫不完的罰寫讓他越來越消沉，學校老師催繳的壓力讓他不知如何紓解，最後竟讓他萌生想不開的念頭。學校為他開了很多次輔導會議，但他都不願意打開心扉跟輔導老師談，最後母親來拜託我，說小閎只願意跟我說話，希望我能幫忙，因為全家人已不知所措了。

我找小閎到學校附近的公園散步，第一眼看到他時，真的讓我好心痛，送他出育英校門時是陽光美少男，如今映入眼簾的卻是意志消沉、頹廢不堪的模樣，畢業還不到半年，小閎就把自己摧殘至此，真是情何以堪。第一次見面，我們師生談得不多，我挽著小閎的手繞著公園一圈，我跟他說老師好開心有他陪我散步。我跟母親商討，暫時讓他休學在家，把身體養好，我們師生經過幾次會面，他的狀況漸入佳境，下學期轉了學，新的環境讓他重新振作，母親告訴我，他在新學校參加作文比賽獲獎的好消息。

★小閎教會我的事★

小閎讓我覺得當老師是一件幸福的志業，因為**一日為師，終身保固**。「老師」的工作就像溫暖的太陽，隨時給人陽光，但總是會有一些人避著陽光躲在陰暗處，不要因為那些躲著陽光的人而感到挫折難過，給了學生溫度，他們會因為心暖和了，就慢慢從陰暗處走出來。我們耐心地等待再等待，總有一天他們會走出來享受溫暖的陽光。

把缺點變成亮點的小佑

小佑在課堂中會哼歌，自得其樂，有時候拿著自己做的筷子槍對著同學「碰！碰！」地喊叫，讓同學不勝其擾，抱怨連連，又常跟同學一言不合就動手打人，衝突不斷，成了班上最不受歡迎的人物。只要有他想參與的活動，同學紛紛退出，常讓小佑陷入尷尬又憤怒的處境。

小佑的母親在他國小時期就過世，家中只有他和爸爸兩人相依為命，因為沒有兄弟姊妹可以互動，讓他從國小就很想要有朋友陪伴，但不擅表達的他常弄巧成拙，把周遭同學得罪光。越是孤單越想要得到別人注意，小佑上課除了故意發出聲響，引起別人注意，甚至會大力搖晃同學的椅子，嘴上也不饒人地常出口傷人，更常把我桌上的物品私自拿去拆解，讓我困擾。小佑因為常暴怒的言行，搞到沒有人願意接近他，人際關係出了大問題。

班上每每有活動，小佑常形單影隻站在一旁觀看或發呆，我利用課餘時間找他聊，小佑辯解說自己才不稀罕跟同學一起玩，而且都是同學先對他不友善，他只是保護自己及報復排擠他的同學。

★如何引領小佑改善自己的人際互動關係？★

1. 協助化解小佑人際互動上的困境

我利用他不在教室的時候引導班上同學，說明小佑的媽媽很早就過世，因為是家中獨子，沒有手足陪伴，爸爸忙於工作，跟他相處的時間不多，小佑回到家面對偌大的空間，只有自己孤單的形影。

小佑因為缺乏與人的互動，在學校不懂得如何跟同學相處，他渴望陪伴及被接納，卻找不到適宜的方式跟同學對談。當同學因為他的言行感到討厭而排斥他時，那種不被人接納的心，讓小佑用反擊的方式對待同學，傷害他人也害了自己，造成惡性循環，對班上所有人都沒有好處。在團體生活中沒人喜歡被孤立，如果同學們將心比心換位思考，就能體會小佑今日的處境了，我跟同學提議試著伸出友善的手跟他做朋友，老師跟大家一起努力來協助小佑。

2. 同儕的接納及邀請，給他信心

班上一些學生因為善解了小佑的狀況，開始接納他，分組學習時主動邀他加入，剛開始小佑不習慣同學對他的友善態度，因為以前同學都拒他於千里之外。當大家真心接納他時，才發現小組報告時他提供的資料很豐富，讓人刮目相看；他上課喜歡哼歌，我私下拜託音樂老師製造機會讓他大方唱出歌來，同學發現原來他真的很會唱歌，紛紛為他鼓掌喊安可，小佑受到同學的鼓勵，開心得不得了！**他領悟到同樣的哼歌在課堂上成了「擾亂之音」，經過兩者比較，他明白「場所」不對，給人的感受就大不相同**；他喜歡做竹筷槍及拆解物品，剛好班上的電風扇壞掉了，我請他幫忙修理，他買來零件拆解再組裝，壞掉的電風扇在他巧手之下竟起死回生；漸漸地，這些以往看似小佑的缺點，在不同的情境中，竟翻轉成了他的亮點。

3. 愛的抱抱打開他封閉已久的心扉

母親節前夕，我給班上每個孩子「愛的抱抱」，輪到小佑時，我在他的耳邊說：「左邊是老師的抱抱，右邊是你天上的媽媽拜託我給你最溫暖的一抱！」抱完當下我的眼眶紅了，小佑則是淚流滿面，當下師生兩人哽咽不已，我相信這一抱勾起他思念已久的母愛，導師雖然不是他的親媽媽，但給了他像母親的溫暖，打開了他封閉已久的心扉！

當同學看到小佑與昔日完全不同的一面時，開始欣賞他的優點，包容他的缺點，他跟同學相處不再針鋒相對，還成了班上活動最得力的幫手，從此常可見到他和同學開懷大笑的場景。

社會不缺聰明人，缺少的是有慈悲心的人；世界不缺美的事物，缺少的是發現美的眼睛。當同學們開始重新看待接納小佑時，小佑的校園生活就像打開了一扇窗，讓溫暖的陽光照進來灑落在他的身上，人際關係的改善讓小佑的學習也漸入佳境。

★小佑教會我的事★

在家中，孩子會看著父母的背影成長；在學校，學生會看著老師的背影學習。在班上，老師常以批評方式教導學生，班上同學相處就學會了**譴責**；老師常以諷刺方式對待學生，同學之間就**缺乏憐憫之心**；當整個班級充滿敵意，學生就學會了**爭鬥**。我一直認為**教室的「溫馨氣氛調味者」就是老師，老師對待學生的態度帶有「起頭」作用**。

我不是麻煩製造者！不被理解的妥瑞兒

剛開始接這個後母班時，前任導師調校走得匆忙，並沒有留給我太多輔導資料。因此，初來乍到這一班，我就被曉華一連串不友善的粗話和舉止嚇了一跳，不明白他為何對我如此不禮貌，嘗試制止他時，狀況更嚴重，甚至會踢桌椅表達憤怒，同學在旁鼓噪著，要老師快點帶他去學務處。後來得知這個場景已經發生過很多次，昔日導師都被他的言行搞得火冒三丈，送去學務處的處理就是記過處罰，理由是對師長不敬，擾亂上課秩序，曉華才一年級，就已經被記很多支警告加小過。

當時班上同學都很討厭他，刻意跟他保持距離，分組活動沒有人願意和他同一組，排座位的時候沒有人願意坐在他的旁邊，因為他除了會罵人，還會踢同學的椅子，上課更常發出怪聲干擾，讓任課老師不勝其擾。沒人探討他為何會出怪聲、辱罵人。有些性情和善的同學被曉華莫名其妙罵髒話感到很委屈，回家向家長抱怨；學務處的記過處分並沒有改善他的現狀，造成同學只要看到他出現，就像看到瘟神般紛紛避開。

這個班上沒有人願意跟曉華做朋友，同學的不接納讓他變得更孤僻極端，有時候在課堂上他會突然發洩情緒，表達不滿，師生常被他的突來之舉驚嚇到。當時的導師為了處理他的事情簡直是疲於奔命，班上的家長則紛紛向導師抱怨，要求讓曉華轉班或轉學，有些家長更威脅如果曉華不離開，他們就要把自己的小孩轉走。曉華被**視如燙手山芋**，讓當時的導師選擇不如歸去，調校離開，眼不見為淨。

★如何協助曉華擺脫燙手山芋的惡名？★

1. 探究曉華行為背後的原因，尋找對策協助

為了改善班上長期以來的低氣壓氛圍，我找來家長詳談。先讓母親知道我誠意想幫助孩子，母親因為怕兒子被貼標籤，一直沒跟一年級導師說實話，原來曉華疑似有「妥瑞症」，母親的刻意隱瞞，造成孩子一直受到不平等對待，真的情何以堪啊！

得知此一訊息，我開始閱讀妥瑞症的相關資料，希望找到幫忙這孩子的方法，但最重要的是先讓班上同學認識「妥瑞症」，教導他們曉華發出怪聲及罵粗話的症狀，**會因為大家的排擠、霸凌或歧視而更嚴重**。同學看到我並沒有因為曉華的粗魯言行而大聲責備他，反而輕聲安撫，跟以往的老師處理態度完全不同。為了避免他上課中不自主地干擾同學上課，我跟他約定坐在角落的位置，並且跟同學的間隔距離拉大一點，如此就不會踢到同學的椅子也避免糾紛，家長也配合帶孩子看醫生吃藥來緩和症狀。

2. 以身作則給予曉華正向的支持和鼓勵

當我帶頭給予曉華正向的支持和鼓勵，班上孩子也跟著我做，**他們從「不解」到「誤解」，現在是「善解」曉華的特殊症狀，同學開始接納並尊重他。**

很神奇的是，到了國三，同學都忘了曉華疑似妥瑞症，因為他不但症狀減輕，和班上同學相處愉快，之前跟人劍拔弩張的場面已不復見，不可思議的是曉華連面相都轉為和善親切，變成俊美的少年。

★曉華教會我的事★

我的字典裡沒有壞學生。每個學生都有其獨特性，不管學生過去如何，對我來說，都是一張白紙，必須以全新的角度看待他們，如果不放掉這些過去，就會有先入為主的看法而產生偏見。

曉華的案例提醒我處理孩子的紛爭時，要多下些工夫探查事件的因果關係，不能一味地用班規、校規直接處分。切記「眼見不見得為憑」！很多不公的處理讓受委屈的孩子烙下的陰影，就是他日後使壞的因子，**先入為主的想法，是紛爭的開端**。

當我遇上以牙還牙的鬥雞學生

小智氣呼呼地帶著一瓶被割破的膠水來跟我告狀，隨後攤開書包內被膠水污染的慘狀給我看，讓我明白他有多委屈及氣憤同學的惡作劇，當下小智一口咬定是佑宸幹的「好事」，因為有證人看到佑宸的惡劣行為，我安撫小智一定會給他一個公道，因為這樣的惡作劇太過分了。

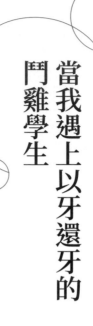

★如何讓小智的委屈得到紓解而理解並化解？★

1. 老師先安撫孩子的情緒

此時小智的憤怒情緒正高漲中，如果讓兩人馬上對質，恐怕會有非理性的言行出現，為了緩和小智的情緒，我告知他一定會慎重處理他的申訴。

2. 雙方找事件目擊者來當證人

我請小智把「證人」找來，我也請「嫌疑人」佑宸帶來目擊證人一併處理。我處理學生糾紛時，會利用課餘同時把「被害人」及「嫌疑人」找來，也要他們自己找「證人」來答辯。

3. 各自陳述經過，理出前因後果

我坐在講桌前，如法官聽他們陳述過程。「調查庭」開始時，我先告訴他們每一個事件背後都有它的緣由，依每一個環節讓他們思考「事出必有因」，來探討糾紛的起因。佑宸承認自己割破小智的膠水，因為要報復小智把他的鉛筆盒丟到垃圾桶內，等他們互相陳述及抱怨完後，原來彼此雙方都曾是「受害人」，但導師沒在現場，只能依「證據」處理。

4. 讓孩子明白「得饒人處且饒人」的道理

我請先丟鉛筆盒的小智向佑宸道歉，再請割破小智膠水的佑宸道歉，我詢問雙方的意見是要以處罰了結，還是互相諒解對方，我讓他們考慮幾分鐘。

思考過程中，我勸告他們**處罰手段雖然最快速簡單，但事後雙方的怨氣因為沒化解，只會越結越深**。我舉例處罰雙方的過錯就像「互打對方耳光」，因為希望對方得到教訓，所以用力打對方的耳光，兩人因痛生恨，彼此越打越用力，結果兩人結下梁子，隨時都想報復對方，這就應驗一句話——事情已過去，心情仍過不去！因此，我讓他們選擇是要放下怒氣考慮「和解」，還是依犯行的輕重來「處罰」，兩人考慮後選擇和解，談和解時，還煞有其事地**邀請雙方證人及我本人當見證人，保證他們不再翻舊帳**。

5. 探究根源，試著解開埋在孩子心底的結

事後我探究原因，原來小智因為長得較弱小，常被同學當成惡作劇的對象，雖然他在國小時曾經向老師求救，但老師處理的方式也許效果不彰，情形變本加厲，換來同學對他更加倍的羞辱及欺凌，讓小智認為只有「以牙還牙，以眼還眼」的手段，才能解他心頭之恨，報復讓小智得到短暫的快意，認為是保護自己的一種方法。有了這個心態，他上國中後成了名符其實的「戰鬥雞」——有仇必報。

我帶著小智到學校的水池邊聊天，四周很安靜，只有我們師生兩人，此時小智心情已經較為平靜。我安撫他，告訴他導師明白他被惡作劇的感受。小智說：「我為什麼要寬恕那些傷害自己的人呢？我就是不寬恕他，我就是恨他！」我提醒小智：「反擊也許會讓你一時得到快感，但快感過去後才發現自己已經滿身傷。」冤冤相報，一來一往報復對方，怨氣就像一座監牢，把自己關在裡面不得脫身。最後把自己的生活搞得一團亂，得不償失呀！

我讓小智靜心思索自己成了有仇必報的「戰鬥雞」，憎恨他人的同時，內心滿滿的仇恨，身心靈都不得安寧，是不是正在傷害自己？反噬自己呢？那些人傷害了

你一次，你為什麼要讓這個創傷持續反覆地傷害自己好幾個月、好幾年，乃至一輩子呢？這就像我們走在路上遇到一條瘋狗，如果我們被瘋狗咬了一口，難道我們也要反咬牠一口嗎？我們該做的是清理傷口、打狂犬病疫苗、療癒那道傷口、不要讓傷口惡化，還有，離瘋狗遠一點，避免一再被瘋狗追咬。

我不敢篤定「調查庭方法」能讓學生一次就放下怨氣和好，但我試過多次，確定能化解學生之間的糾紛，雖然要花費很多時間處理。當我教會他們「冤冤相報何時了，冤家宜解不宜結」的道理，這句話深深影響班上孩子們的相處。經過幾次糾紛處理，小智真的明白了「寬恕並不容易，但值得去嘗試與練習，因為寬恕是關於自己的療癒，與別人無關，寬恕是讓自己好過，自己可以選擇！」

★小智教會我的事★

其實孩子雙方做出讓對方不愉快的事，一定有原因，表面看似是對方的錯，往內探討才能知道真正的起因！導師身為「第三者」，他們結怨的過程我未曾參與，如何「完全」論定誰對誰錯呢？更何況有時候是立場想法不同所造成的爭吵，所以**導師要教導孩子能「換位思考」學習諒解，而不是急著處罰他們的行為。**當雙方善解了就是和解，也不會留下傷痛，我是這樣對待學生的爭執事件，不以處罰當手段，雖然處理事件花費時間比較長，但班上的孩子們相處融洽和樂，就值得了！

如果老師對於學生糾紛常以處罰手段為主，以暴制暴或記過等處理方式，學生表面上似乎相安無事，私底下卻仍是暗潮洶湧，尤其那些被老師處罰的孩子若不甘心，就會找機會報復對方，最怕的是在放學後找外面勢力來處理。有些弱勢孩子再次被欺負，只敢怒卻不敢跟老師說，一旦他們壓抑的情緒爆發出來，後果常不可收拾。

老師把惹事學生送到學務處處罰，那是最後的手段，也是最不得已的做法，因為**最了解自己學生的是導師**，如果**常常將自己的學生送到學務處處理事端，師生關係就容易出現隔閡，學生對導師只剩怨恨，不再尊重**，千萬別以為從學務處被處罰回來的學生會更聽從老師的勸導，因為他跟老師已成了冤家。

老師如果願意「停一停、想一想、問一問」，讓孩子心服口服並且願意原諒彼此，化干戈為玉帛，未來社會就會少了憤世嫉俗的偏激分子。

第五章

為錢所苦——被現實環境困住的孩子

不想被貧窮貼標籤的女孩

你們可能會以為我要訴說的是一位勵志脫貧的女孩的故事，但真相卻讓人無言以對⋯⋯。

美琴在國二那年，從台北市某私立學校轉學進來，初到班上就出手大方，言談舉止都讓同學以為她的家境很富裕，因為她身上穿戴的都是名牌，還說未來打算開一間酒店。她常自豪地舉起那雙白嫩宛如貴婦般的雙手，宣告她從來不做家事，更別提要做學校的打掃工作。起初班上有幾個女生馬上跟她臭氣相投成了貴婦團。美琴常在班上高談闊論自己的觀點——「要當個很有錢的人，買很多東西享受！」美琴釋放的享樂氣息，很快地就催化一些原本便愛玩鬧、不喜學習的同學的心，我辛苦經營的班級風氣因為她的來到，瞬間烏煙瘴氣，讓我心痛卻無奈，因為她是一天八節課都跟同學相處，而我這個教地理科的導師出現在班上的時間，扣掉早修午休一週只有四節課，我的班級經營出現危機了！

★如何挽救即將風雲變色的班風及改變美琴的價值觀？★

1. 順其道而行，翻轉她的想法

美琴常在班上高談闊論「讀書何用，不如找個有錢人嫁！」還常做出干擾同學讀書的行為，我知道一味地制止個性很倔強的她將成效不彰，她反而會更加故意擾亂。為此我利用班會時間開一堂課，介紹嫁入豪門成功的例子，以及想進豪門本身要具備的條件。當天聽完課，同學明白原來想嫁入豪門並不是一件容易的事，可喜可賀的是，從那一天起美琴就不曾在班上大聲嚷嚷要「找個有錢的男友」了！

2. 不戳破她的面具，顧全她的裡子

有一天，有位面容憔悴、身形瘦弱的家長來找我，竟然是美琴的父親拿低收入戶證明，要我幫忙申請學費及餐費減免，我當下十分震驚，不敢置信……。

當我拿著午餐補助申請單給美琴，請她帶回去給父親簽名時，她立刻翻臉，生氣地說自己的爸爸很丟臉，她才不是低收入戶。事後跟父親聯絡，得知美琴回家直接把午餐補助申請單揉爛扔在地上，還跟他大吵一頓。父親無奈又悲情地跟我訴苦，美琴的媽媽在她小學二年級就跟他離婚，兩個小孩由他獨自撫養，因為已經再嫁，從此跟孩子撇清關係，這麼多年從沒有來看過孩子，他為了生計奔波，無暇維繫親子關係。美琴在小學時曾被同學拿低收身分取笑過，從此性情大變，父女常為了金錢爆發衝突。父親說他被女兒的叛逆及無理搞得筋疲力盡，不知道如何管教，在窮途末路下只好聽親戚的建議，國一就送她去讀私校。沒想到美琴在私校狀況連連，

老師常來電告狀她的惡行，父親無計可施之下只好辦轉學。

由私校轉學時，美琴事先要求父親絕對不要再提低收入戶身分，讓她在班上沒面子，她完全不理會父親養家的辛勞，只怨恨家裡沒給她很多零用錢。父親為了彌補孩子沒媽媽在身邊的缺憾，只要是美琴想要的物質享受，他都設法滿足，但是她從來不會感恩及體諒他賺錢的辛苦，如今養成美琴的驕縱不講理。送美琴去私校讀書，是他人生最悲慘痛苦的一年，原本希望女兒能因為私校嚴厲的管教方式變得乖巧懂事，結果換來的是一堆債務要償還。而且美琴接觸私校大多數家境富裕的學生後，因為「比較心」產生更多怨恨心，對父親更加不諒解，認為「找個有錢的男友」才是她快速脫貧的方法。

父親悔不當初。我安慰他減免補助申請單的事由我一步步開導，先顧及孩子的自尊，也讓父親的經濟得以紓解。對於美琴的低收入戶身分，我儘量保密，舉凡需要簽名或繳回申請單的，我都請父親親自到校領走，希望能顧全美琴的自尊，讓她感受到導師的溫暖，漸漸地願意接納我的教導。

3. 親師合作，扮演黑白臉

三年級參加畢旅要繳很多費用，想參加就要先存錢。因為畢旅不是學費，我的原則是**「使用者付費」**，不會因為低收入戶身分就補助，目的要建立學生的正確觀念。繳費截止日到了，美琴氣沖沖跑來抱怨父親竟然沒幫她繳畢旅的費用，問明原因才知道她把學產獎學金（註：低收入戶學生每學期領受的助學金）私自拿去花掉，沒有用來補貼畢旅的費用，父親很氣美琴自私的行為，卻無可奈何，父女大吵一架，關係更僵了。

為了解開他們父女的僵局，我出面跟美琴討論解決的辦法，我說導師願意借錢給她繳畢旅費用，但借的錢要還我，就由每個月父親給她的零用錢分次扣掉來還。如此給美琴一個教訓，讓父女的戰爭告一段落，也讓孩子感受到導師伸出援手協助她，「黑白臉角色」讓親師生三方暫時解決了問題。

4. 透過班級經營的氛圍，潛移默化她的氣質

我在輔導美琴的過程中，師生磨合且過招多次，想要化解她對父親的自私無理

態度非一蹴可及，我設法當他們溝通的橋梁，透過班級經營的氛圍，潛移默化她的氣質。假日時，我帶學生到安德烈食物銀行做志工，請同學幫忙邀美琴參加。我請父親載她來，邀請他留下來一起做志工，美琴原本怕丟臉，想趕父親回去，幸好現場也有兩位家長跟孩子一起參與，她才作罷。當天透過班級活動看到他們父女和諧的畫面，心中燃起希望的火苗。

升國三的暑假，美琴跟我說她想要不一樣的生活，想要好好念書，而且主動要求擔任股長，我心想一年來努力的經營終於有了成果，能看到她的轉變，真是讓人心喜不已。當她開始跟著班上的學習腳步，整個人氣質變好，簡直是脫胎換骨。當我以為進入美好的開始時，她卻認識了男網友，一切的努力似乎歸零了。她開始在晚上跟網友聊天不睡，隔天到校幾乎都在趴睡，我和同學用盡柔情攻勢想要她清醒卻無濟於事，跟父親聯絡才知道他現在自身難保，沒有餘力再理會她，也因為他要到外地工作賺錢，需要給孩子手機方便聯絡。原來這就是美琴大轉變的主因，整晚沉迷在網路世界，家裡沒有人可以約束她。這是很棘手的問題，因為美琴晚上回家的生活非我能控管。這期間我拜託同學跟我一起關心她，也尋求輔導室的專輔老師協助，希望雙管齊下扭轉形勢，但所有的努力都敗給那位在網路世界看不到的「敵人」。

國三下學期美琴成了中輟生，男網友成了她的生活重心，偶爾到校我都會邀請她到班上跟同學一起用餐，但她再也跨不進班上的門，因為昔日的閨蜜都忙著升學，跟她的生活不再有交集。

短短兩年的師生緣，我不期待能改變她多少，因為原生家庭對她的影響太大了。她來到我的班級，曾經把我經營一年的班級氛圍搞得雞飛狗跳，讓我費盡心思處理她闖出來的爛攤子。經過一年相處，我多次調整方法陪伴她走過青少年的狂飆期，看到她的改變，真的是當老師最甜蜜的滋味。然而家庭因素的突變，讓情況急轉直下到我無計可施，因為她堅信那位男網友才是帶她脫貧的「高速公路」，導師及同學的關懷再也喚不回她飛出去的心了！

★美琴教會我的事★

美琴剛轉學過來時，我以為私校生的課業和教養應該會比較好，但沒多久就破功了，她大刺刺的前衛作風常有驚人之語，真的刷新我的三觀，讓我掉入「眼見為憑」的陷阱，產生先入為主的偏見。當時班上幾位女生跟她成了好閨蜜，凡事以她馬首是瞻，把導師的話當耳邊風，在學校惹出一堆桃色風暴，讓我疲於奔命處理。眼見辛苦經營一年的班級，在她的翻攪下即將崩盤，我當時曾被憤怒淹沒了理智，自己的情緒也處於緊繃狀態。

我靜下心思索利害關係，我如果跟美琴硬碰硬，以她的性情必定會在班級內煽風點火，再加上閨蜜圈的力量，我可能怎麼死的都不知道。這是國中老師班級經營的「痛點」——老師在自己班的課再怎麼多，也比不上同學們一整天的相處，很多小事情發酵成壞事，是因為**有一隻你看不到的手在操作**，如果導師仍用斥責、處罰的方式應對，最後下場是整個班都亂掉，因為師生關係被憤怒的情緒切割出大裂痕。

美琴的父親拿低收證明來找我時，當下讓我十分不解，與父親談過幾次後，頓時了解美琴為何會在班上有這些行徑。我反省自己因挫折的情緒而對美琴有了偏見，生她的氣時，自己也會用非理性的言行對待她而不自覺，師生的關係才會越來越緊張。因為善解了美琴行為習慣的背後原因，我重新調整方式也改變心態，放下有色的濾鏡，重新看待她的言行，用平和方式引導她，不再是帶有情緒式的說教。

我很感謝美琴給我這兩年的功課，我雖然仍然無法改變她的價值觀，但老師能給她的愛，只是一份**理解而溫暖的陪伴**。

想要有錢花的阿成

阿成來自隔代教養的家庭，父母早婚生下他後，兩人都沒有工作，只能帶阿成回家依靠老人家撿回收過生活，夫妻常為了金錢爭吵甚至動手打架，最後母親受不了而離家。

我在阿成國二時擔任他的導師，得知他家中經濟狀況確實很不好，因為阿成的爺爺名下有房子，無法申請低收補助，我必須透過學校愛心專戶幫他申請學費及午餐減免，為了**讓孩子惜福感恩他人的協助而不是平白接受**，我找到讓他去學校福利社服務的機會。福利社阿姨知道孩子的家庭狀況，還多給了一點工讀費，我當下覺得是一舉兩得的好辦法，卻沒想到在福利社幫忙賣東西讓阿成天天有觸摸鈔票的機會，他的心已經悄然變化……。

阿成在福利社工作一段日子後，我發現他手頭變得很寬裕，常在校外遇到他在便利商店買零食飲料，同學跟我反應他的書包內常放有好多零食，還會買遊戲卡帶向同學炫耀。這些不尋常的花費，讓我心中起疑他金錢的來源，因為他的爸爸遊手好閒，至今還會跟老人家伸手拿錢花，不可能給他很多零用錢，而且爺爺說家中吃三餐都有狀況了，更不可能有多餘的錢給阿成如此揮霍。

★如何讓阿成坦承偷竊行為並願意彌補過錯？★

1. 私下處理，留給孩子自尊

我按兵不動觀察他一段時日，掌握更多訊息再思量如何輔導他。有一天我找他到學校水池邊談心，此處水聲潺潺，池裡有金魚悠游，在這裡談話不被干擾又可以讓心情沉靜，更重要的是面對三級古蹟樂成宮。每次辦棘手的案件，我都會很虔誠地向媽祖祈求讓我能順利破案，因為我的目的不是要抓到凶手懲處，而是能讓我藉此機會引導孩子知錯、認錯，並給孩子一個改過的機會。

2. 神明當見證，善用心理戰術

帶他坐在水池邊的涼椅上，我直接問：「買遊戲卡帶的錢是誰給你的？」趁他還沒開口辯白之前，先要他抬頭看著天空，我提醒他**在這裡說的話可直達天聽，老天爺都聽得很清楚！**我再對著他，用很嚴肅的口氣說：「我剛剛已經先拜託樂成宮媽祖派順風耳將軍仔細聽阿成說出口的話是實話還是謊話，一定要想清楚不能欺騙神明。」我還特地轉身面對樂成宮方向，大聲對媽祖祈求：「如果阿成真有做錯事，他願意承認犯錯的話，懇請媽祖慈悲，原諒他的不懂事，給阿成一個改過的機會！」

此時四周的氣氛頓時變得凝重，連池水似乎都停止流動，等待著他開口的第一句話。

「老師，我沒……」阿成停頓下來說不出口，聲音似乎卡在喉嚨裡。

阿成抬起頭看著我雙手合十虔誠跟媽祖拜託，心中猶豫躊躇許久，期間我再複誦一次：「懇請順風耳將軍一定要仔細聽阿成說出口的話，是實話還是謊話喔？」最後，阿成總算鼓起勇氣說：「老師，我偷了福利社抽屜的錢，很害怕被發現，所以拿到錢就趕緊花掉，但克制不了花錢的慾望，又再偷了幾次。」說完吐了一大口氣！

3. 分析嚴重後果，讓他心生警惕

我跟阿成說，如果讓福利社阿姨知道偷錢的事，就會由學務處依校規處理，你偷錢的事就會被很多人知道。導師願意原諒，也跟媽祖懇求給予改過的機會，但你

要對媽祖發誓不再偷錢，千里眼將軍瞪大眼睛看著，順風耳將軍張大耳朵聽著，現在老師懇請樂成宮的媽祖做見證，目前此事只有你知、我知還有神明知！但偷的錢仍要歸還，後來他真的靠暑假打工賺錢拿來給我還給福利社阿姨，福利社阿姨明白我的意思，沒再追究。

4. 讓他順勢走下台階，接受勸導

要孩子承認偷錢並不容易，我**藉由神明的力量，目的是開啟孩子的善念，點亮他心中的燈照亮他自己**。我不怕孩子犯錯，就怕不知錯、不願改錯，人本來就是在錯誤中學習成長，**我願當點亮孩子心燈的人**。

溝通最短的距離不是直線，而是曲線，我以一種婉轉又「神奇」的方法讓他欣然接受，將隔在一道牆的兩個點連結起來，開導孩子給他一個台階下，讓孩子不失尊嚴，又能讓他順勢走下台階，接受勸導，知錯又願意改錯，阿成的人生可能就從這個時候開始轉彎了！

偷竊事件真的最難處理，尤其是慣竊行為，但如果一開始沒有對症下藥導正偷竊習慣，孩子的行為就會越來越偏差，就像俗話說：「小時偷針，大時偷金。」孩子小時候小偷小摸，如果不制止，長大以後可能會更嚴重地違法犯罪。

每次帶班時遇到難解的問題，比如偷竊、說謊，甚至在接手後母班前有沉寂已久未破案的事件，需要輔導學生時，我都選擇在學校的**安靜角落**處理，那是因為在人多的辦公室內處理學生的問題，老師如果還情緒當頭，往往會在辦公室內開口大罵。即使學生真的犯錯了，只要老師是在大庭廣眾下責罵他，當下他最在乎的是有哪些老師聽到或看到他的醜事，對老師飆罵的內容常是左耳進右耳出，而且挨罵完後走出辦公室，嘴裡碎唸的都是對老師的怨恨，甚至發狠話要找出是誰跟老師告狀，並找他算帳。

我花時間用盡心思處理阿成偷竊的問題，過程小心翼翼，甚至班上都沒有人知道他偷錢，為的就是顧全阿成的自尊，因為我相信**給孩子一個台階下，讓孩子有機會改變未來！**

第六章

老師也要學習轉彎

愛打抱不平的正義哥

政毅一年級時就名聲響亮，尤其在學務處無人不知無人不曉，他的超高知名度，不是因為常犯校規被處罰，而是家長常來電告狀，諸如學校後門沒準時在七點鐘開啟此類小事，各處室幾乎都接過他的家長的關心電話。我是偶然聽到他的傳說，卻未見過本人。後來，政毅的導師因為育嬰假，拜託我接任她的班級，這也是難度較高的「後母」任務，因為這班已是三年級了，我一個學生都不認識，倒是聽說政毅這號人物必須小心應付。

「後母導師真的很難為！」接手他人的班級，要和凡事有比較心的三十多位學生相處，稍有不順他們的想法，就來個「我們以前的導師都如何……」。偏偏這個班是由自我中心很強的女生掌權，男生大多默不吭聲。暑假期間，我就預先調查每個學生的特質，以準備接班。

開學沒多久，政毅這個「正義哥」已讓教務處資訊組接到教育局來函關切，原來是他的母親投訴，班上的電腦設置不符人性，讓學生使用電腦有危險。教育局的關切，給寫報告的資訊組長增添麻煩，更沒想到的是，此事成了班上火藥庫爆炸的引信，從此讓我疲於奔命。

後來，我找他了解狀況，他說只是把學校的狀況回家跟媽媽分享，哪知道媽媽會投訴教育局，而且媽媽強調，投訴機關越高層，解決問題越有效率。他來本校二年，校方被投訴的大小事件，就是政毅的母親這種看法產生的。

★如何讓正義魔人轉型為真正拔刀相助的正義達人？★

1. 引導他「換位思考」

我告訴政毅：「親眼所見，未必真；親耳所聞，亦未必實！」之前該班導師就已處理此事，我剛接手，也發現這問題，雖然已跟資訊組長討論改善的方法，但是要處理線路問題須等學生放學，且移動設備得顧慮很多細節，資訊組長也有課要上。我引導他「換位思考」，如果是他接到投訴函，會有什麼感受？聽完我的分析，政毅明白自己缺乏為他人設想的同理心，凡事過於急躁，會傷到無辜的人。

原以為事情過去、浪平了，沒想到「正義哥」後面惹出的事端，更是波濤洶湧，讓我這個後母導師裡外不是人，跳進黃河也洗不清。這個班是我任教以來資質較優的學生，但也是性格鮮明、凡事質疑、自我意識強烈的班級，要領導這個班，挑戰性很高，政毅更是箇中翹楚。

2. 善用聯絡簿當親師生溝通橋梁

聯絡簿上除了學生記錄基本事項外，也是我們師生互動的最佳工具，用詞遣字我都會細細思量過。政毅是我教過課業成績最優異的學生，我把他在校表現好的地方洋洋灑灑地寫在聯絡簿上，因為他的母親每天都會過目簽名，看到自己的兒子備受老師讚美，自然欣喜，就很少再發生告狀事件。這一點是我們老師要特別注意的地方，聯絡簿上直述學生的過錯甚至用條列罪狀，家長看到通常火氣都會上升，再加上孩子回家如果反咬導師的不是，有時親師之間就成了難解的習題。

3. 好事大方說，壞事私下聊

政毅做事幹練且很有領導能力，但個性太剛強加上道德感強烈，容易得罪人，我常要化解他跟同學的糾紛。為了顧全他的面子，我都是私下找他談，而且談話場所儘量是不受干擾的地方，如此師生可以敞開心胸對談。經過幾次引導，政毅很快地就把自己說話得理不饒人的態度修正過來，當班長期間更是我很得力的助手。

開學初，班上來了一位教育局轉介的特殊生，我認為應引導政毅將正義感用在對的地方，因此特地委託他協助照顧轉學生。事發當天，任課老師要求這位轉學生把窗戶打開，但轉學生沒聽清楚老師的意思，坐著沒動靜，任課老師以為學生故意忽視他，結果場面弄得很僵，師生發生言語衝撞，當時我還親自跟任課老師說明轉學生的特殊狀況，請她諒解。萬萬沒想到班上竟然有位學生下午特地請假回家去投訴教育部，等學校接到教育部來函，才知道事件已不可收拾，此時讓我驚訝的是，投訴的人不是政毅！

我當時不在現場，處理此事更要顧全師生立場，但要勸導三十多位學生以平和的心去面對這位老師的課，真是不可能的任務。往後的課堂上，師生火藥味十足，我得把一位又一位義憤填膺的學生找來懇談，過程耗掉極大的精神及體力，每天下班後都筋疲力盡，疲憊不堪。今天學生聽完我的建議，隔天又碰上那位老師的課，而且因為老師認定就是班上學生給他惹出禍端，所以上課時常會一言不和，擦槍走火互相槓上。尤其這位老師認定此次投訴的人一定是政毅（早期愛告狀的後遺症），在課堂上故意挑他的毛病，師生常起嚴重的言語摩擦，讓我每次課後還要梳理政毅備受委屈的情緒。紛爭中最難處理的是這位任課老師嚥不下這口怒氣，即使我已經解釋緣由，她仍繼續跟學生開戰，就像大人和小孩鬧情緒，沒完沒了，導師夾在中間，左右為難，幫誰也不是，有點「啞巴吃黃蓮，有苦自己知」的感覺。

4. 轉化氣場，化解危機

當任課老師本身的情緒無法排解時，帶著怒氣上課就常會出現不理智的言行。多次的言語刺激，政毅終究忍不住了，回家向母親傾訴，強勢的家長隔日親自到校找任課老師理論。當時政毅母親的火藥味十分嗆人，氣到要到辦公室掀翻那位老師的桌子！我趕緊找教務主任一起將家長拉離辦公室溝通。當下想要平息母親的怒火真是讓我費盡心思，突然靈機一動，先跟母親說了一大堆政毅的優點，以及我很欣賞她兒子的種種表現，原本政毅母親憤怒猙獰的表情逐漸緩和還露出笑容，因為聽到導師讚美她的寶貝兒子，原本的怒氣暫時被我轉移了。

我先站在母親的立場理解她憤怒的原因，但政毅和任課老師發生衝突時，我和母親都是第三者，不在事發現場，整個事件的來龍去脈我們都是被動得知，這中間因為有些誤會沒說清楚，造成了今日誤解，我正在謹慎處理中。母親聽完我的陳述後，說了一句：「黃老師您辛苦了！」沒再提要去掀那位老師的桌子，臨走前還感謝我費心教她的兒子。送走他們後，我幾乎癱軟在椅子上……。

後來，政毅考上台中一中，回來看我，得知自己國三和任課老師的衝突，讓那位老師至今心傷未平，他希望親自向那位老師道歉。我很感動他能這樣反省，我曾跟他說：「得饒人處且饒人，若不饒人苦自己！因為揹著怒氣過生活，是自討苦吃。」政毅說他把這些話放在心中，隨時提醒自己。高中畢業，考上成功大學不讀，選擇了警察大學，因為他要把正義感用在有益於人群的事情上。畢業多年，我們師生仍常聯絡，他當政府官員的隨扈多年，期間還考上律師執照，又再準備考司法特考，他說這樣不僅能夠掌握法學知識，保護自己的同時也能幫助他人。政毅始終如一尋求自我實現，讓我欽佩又欣慰，這個班真的是我當後母導師生涯中最驚險艱辛又最有成就感的一班。

★政毅教會我的事★

政毅的案例讓我深切感受到「宇宙間最大的負能量就是怨（冤）氣」，老師跟學生之間的紛爭如果能「路窄之處，讓一半給人過；滋味濃時，留三分請人嚐！」就不會給彼此留下不愉快的傷痕。其實學生跟老師的相處如過眼雲煙，老師認為對學生的好，他們不見得會領情或感念在心，但做一件讓他印象深刻很不開心的事，他可能會記住一輩子。

面對雙方心生怨懟互相攻擊的師生關係，導師如夾心餅乾中的餡料，無法做到不沾鍋，只能當潤滑劑。雖然不管我再如何小心應對，仍無法做到事事順人意，但我堅持原則，教導學生「待人接物，理可直，氣不必壯，凡事給人留個台階下」。讓我感到值回票價的是教到一位懂老師心意又感念在心的學生，而且還將與生俱來的正義感運用在德澤他人之上。

政毅的真心話

淑娟老師是我國三那年的班導師，原本的班導師因為生產請假，所以淑娟老師經常戲稱自己是接手別人班級孩子的「後母」。童話故事中，後母的形象通常都不太好，但淑娟老師卻是影響我至今，每年一定都會抽空回學校敘敘舊的優秀後母。

國一、二的我，脾氣暴躁，經常和同學發生爭執甚至打架，同儕關係十分差，在許多老師眼中，我並沒有成為所謂的壞小孩，或許是因為成績不錯，所以老師們對我的包容度異常地高，但到了國二似乎也到極限，如果沒有淑娟老師，現在的我，人生可能會更加艱辛。

因為是新任導師，對老師、對我而言都是一個新的開始，老師對我過去的行徑自然有所耳聞，但淑娟老師選擇憑自己的親身體驗，重新認識我，也讓我有了改變的機會。每當我和同學起爭執，老師總會找我到辦公室細問原因，並循循善誘開導我，於日常生活中也會發現我的優點並鼓勵我，對於我的缺點則透過聯絡本上的對話或是私底下聊天，使我明白哪裡有可以改善的地方。漸漸地，我內心慢慢浮現「這位老師好像跟以前的老師不太一樣」。過去的我總是挨罵的那一方，甚至處罰也不太公平，讓我有種「反正自己形象已經那麼差了，改變也沒有用」的念頭，然而淑娟老師處理事情的方法，讓我有了改變的動力，因為我知道自己的改變是會受人肯定的。過去聯絡本上的滿江紅是我不願意面對的言語，後來雖然聯絡本上還是經常滿江紅，更多的卻是我和老師之間的對話交流。時至今日，國三那年的聯絡本還被我收藏著，當遭遇挫折時就會拿出來翻翻看，看過去的自己如何在老師的教誨下從谷底慢慢爬起，從字裡行間尋找動力，面對新的挑戰。

老師除了對我的用心、耐心及苦心外，也把全班同學當成自己的孩子看待，全心全意投入在這個班上，對於比較弱勢的同學，也會適時給予幫助，而且老師不以成績優秀與否判斷學生，班上設置的獎學金是以進步多寡來判斷，而非是否高分，這讓許多志向不在念書的同學，在國三那年領到了人生中第一次獎學金，雖然金額不高，但對許多人卻是莫大的鼓勵。

人的一生中會遇到許多老師，有些如過眼雲煙，有些卻常駐在學生心中。不論畢業多久，只要淑娟老師還在學校的一天，回母校永遠意義非凡。在台中市東區的育英國中，一所學生總人數不到一千名的小學校，有一位老師為了學生默默付出，不求別的，只求當學生畢業踏出校門的那一刻，能因為老師的犧牲奉獻而有所改變，並以積極正面的態度，面對人生的下一個篇章。

老師，你真的有夠囉嗦啊！

小如過了暑假回到學校上課後突然變得愛打扮，跟以前純樸可愛的模樣完全不同，臉上塗著厚厚的底妝。最特別的是開始中午不吃飯，每到午餐時間她就不見蹤影，或者乾脆趴在桌上睡覺，任憑我和同學千呼萬喚，始終無動於衷，偶爾被叫煩了，才懶懶地回一句：「吃不下，不想吃！」

這種狀況持續多日後，我發現她甚至連早餐也沒吃，有時候早上看到她勉強吃了些食物，沒多久桌上就會出現一杯像是米漿的黏稠物，問明原因才知道是她的嘔吐物。當知道她竟然把嘔吐物放在桌面上當成奇景時，真的嚇壞很多不知情的任課老師們，他們還以為是一杯珍珠奶茶，讓老師同學們都受不了她的習慣。同學私下告訴我，她會去廁所催吐剛吃下的食物，更糟的是她到校常一整天都昏睡叫不醒。小如這段期間的種種行為讓我憂心不已，用盡多種方式勸導，我擔心她的腸胃會出問題或是因血糖過低昏倒。

嘗試過多種方法無效後，我在無計可施之下，想向家長說明以尋求改善，萬萬沒料到家長忙於工作，無心在意孩子的身體狀況，反而用責罵的方式斥責小如。她因為被家長責備而把帳算在導師頭上，我的關心反而變成她的負擔，而我也變成她厭惡的對象。當下的小如認知「瘦才是美」，加上網友推讚，讓這想法根深柢固，因此我的關心變成囉嗦，我的好意變成多管閒事，我的真心換來小如的絕情。當下我的心情很受創，有些人可能就放棄了，幹嘛自討沒趣呢？但我仍然持續奮戰，希望小如有一天能了解我的用心良苦。

★如何讓小如體會老師的用心良苦？★

1. 請求支援，換人引導

小如經過幾個月時常空腹不吃或催吐的折騰，身體出現狀況，大量掉髮，經常胃痛。花大把銀子買來的減肥藥不但沒有見效，也把生理期搞亂了。加上上課昏睡，課業程度靠補習也補不回來。這期間我花費很多心思勸導，曾拜託學務主任在午餐時間前來關切用餐狀況，希望透過主任的協助讓她多少吃點飯；也請輔導室老師協同輔導。我如此鍥而不捨地努力，但最讓人心痛的是看到小如吃進去的食物沒多久就被她催吐出來，有時候覺得自己真是一個傻瓜導師……。

2. 等待時機，真正痛到才會醒悟

小如的父母離異，她跟著忙於生計的父親同住，父親所能做的就是給她錢吃飯，但愛漂亮的她把吃飯錢省下來買化妝品及減肥藥。學生就像我的兒女般，雖然只有三年師生情誼，但因為不忍心小如的腸胃落下病根，我始終沒有放棄引導她。她真

正意識到自己身體健康惡化，是在大量掉髮、皮膚變得很差時，心中產生恐懼才醒悟導師之前警告她的話正一件件應驗。此後小如體會到我的關心是真心，開始願意接受意見，中午開始吃飯，將身體慢慢地調養回來，但這樣前後折騰已經一年，有的人「不見棺材不掉淚」，要改變一個人真的不容易呀！

三年級進入餐飲技藝班，烹飪是小如的最愛，她當上餐飲選手後全力以赴，未來也以就讀餐飲科為目標。我告訴她為何餐飲業的廚師大多以男性為主，因為餐飲科需要久站，需要足夠的體力面對。國三下學期她中午吃飯時會特地跟我說：「老師，妳看我吃飯了，還吃很多耶！」為了這一句話，我竟然辛苦一年半的時間，過程真的很折騰人，但今日卻覺得甜蜜在心頭。

★小如教會我的事★

不同個性的孩子有不同的對待方法，沒有什麼是最好的方法。這屆適用的方法，在面對新的一屆時，因為時空和價值觀的改變，同樣的方法用在不同屆的學生也可能會碰壁。老師認為是善意付出，若學生沒感受到，這些所謂的關心就成了師生關係緊張的導火線。就像我擔心小如正在發育期，如果沒照顧好腸胃，以後會落下病根，當時真像個媽媽囉嗦不停，因為我太心急她的身體狀況，沒有退一步思索問題所在，還繼續以自認為的關懷對待她，結果硬碰硬，讓師生產生心結，讓她覺得導師真的很討厭。

每一個孩子都有不同的個性及想法，有的人喜歡受關注，有些人喜歡擁有自己的空間。如果你喜歡保有多一點屬於自己的空間，老師天天噓寒問暖，可能會讓你覺得自己的生活界線受到侵犯，進而感到不適，而不是感到溫暖，不但無法解決原本的問題，甚至有可能引發新的問題。師生因為角色不同，任務不同，看事情面向不同，所以經常會有誤解發生。老師們碰到溝通阻礙就學習轉彎，尋找其它方法協助。若是學生也能學習轉彎，也能站在老師的立場想想，這樣師生的頻率可能會比較快對在一起，讓問題更快速、順利地解決。

同場加映——
我的武功祕笈

什麼是最好的帶班或教學方法？

「兔子第一天去釣魚空手而歸，第二天再去，一樣揁龜，第三天再去釣魚時，水裡的魚跳出來了，拜託兔子別再拿自以為好吃的胡蘿蔔來釣魚了！」這個故事說明他人最好的帶班方法，不見得適用在自己的班級，老師必須找出「對味」的方法來經營。其他老師的方法不一定適合自己的班級，但可以多吸取他人經驗，再根據自己班上學生的特質，找出最合適的方法。有一句話我常引以為惕：「什麼樣的老師帶出什麼樣的班級！您怎麼看待您的學生，他們就怎麼看待您！」在這一章，我所提供的方法，是多年來的帶班經驗，我雖然修正再修正，仍不離初衷：在台上講課是教書，台下關心學生才是教育！

第一招

真誠的關懷拉近師生的距離

我的抽屜裡隨時備有黑糖，班上女同學生理期不舒服，除了關懷安慰，我會問她要不要喝一杯黑糖水，可能會緩和不適；學生趴在桌上睡，當下不是先責罵，而是問他是否身體不舒服，摸摸孩子的額頭看看是否發燒；如果學生喉嚨痛，我會提醒他們午餐的食物如果有油炸物先不要吃；遇到腸胃不適的孩子，先通知廚房午餐準備稀飯給他吃；季節轉換時期，班上很多學生咳嗽不斷，我曾買來枇杷膏沖開水給他們喝，希望能緩解學生的不適；天寒時，我備有黑糖薑母茶，溫暖手腳冷吱吱的孩子。我以真誠的關懷行動，讓孩子感受到導師像慈母般溫暖，**給予的愛是在他們需要時，而不是錦上添花，但又不勉強他們接受。**

在班上若看到面帶愁容或怒氣沖天的學生，我會利用課餘時間，找他們到學校裡不受干擾的角落談心，此時我身上一定帶著面紙（學生哭時讓他擦淚水）或糖果餅乾（給情緒不佳的孩子吃，老師知道他心情惡劣，藉由一顆糖緩和氣氛）。師生坐下來後，不是聽我說教，而是讓他們先發洩情緒。因為我事先做好功課，大約知道他們的狀況，有些學生會很驚訝老師怎麼能馬上體會他的心情，當下會願意說出來，就能直接切入談心事。如果學生還無法對談，千萬別勉強他們說出來，有時一個安慰的擁抱或輕拍動作，可以讓孩子的情緒緩和下來，無聲的撫慰勝過有聲的話語。

第二招

老師也要懂得道歉，這是最好的身教

處理班務或事件時，如果導師事後才被告知，這時在班上處理學生問題時必須小心，因為事件發生當下，導師並不在現場。雖然當被告知班上發生不適當的事件時，難免怒火上身，尤其是已千叮萬囑的事。但導師如果沒有事先在私下釐清肇事者是誰，就在班上直接開罵，常常會引發很多後遺症，因為沒有參與惹事的或完全不知情的學生，都要一起承受導師的怒氣。

導師以為罵完人，事端解決，就離開教室了，殊不知班上有另一股負面情緒開始醞釀，因為做錯事的人不見得會承認做錯，會向好朋友散播對老師不爽的信息，那些莫名被掃到颱風尾的學生也會不開心，一大早就聽導師像潑婦罵街似的說教，這是我曾經的失敗經驗，下場是經過幾位學生搧風點火，差點讓我辛苦經營的班級氛圍陷入分裂危機（見 P.140〈不想被貧窮貼標籤的女孩〉）。

因為自己的心火所引發的後遺症，讓我事後得花更多時間及精力收拾殘局，此後我謹記一個原則——**「當班上一些學生的行為嚴重影響整個班級的榮譽，而我必須在班上處理時，過程中會先向沒犯錯的同學說聲抱歉，因為老師責罵人的言行，會讓沒犯錯的同學也承受這種壞氣氛」**。如此做法讓犯錯同學知道自己的行為影響了無辜的人，讓守規矩的學生受到尊重，另一個目的是不讓心懷怨氣的同學有機會挑撥離間。

第三招

見面三分禮，打開溝通的門

1. 「戴高帽子」戰略

每每開導學生時，我都是先用正面詞句肯定他，如「你給老師的感覺是有禮貌又斯文……」「老師對你的印象一直是很聰明，反應敏捷……」「你上課很認真喔！老師都注意到了……」見面三分禮，好聽的話先出口，較能打開學生的心扉，後面再跟他溝通才好延續到主題上。因為沒有人喜歡受到老師一味地批評及責罵，若是一開頭老師就批評指責，十足火藥味，學生只會把老師的話當耳邊風，左耳進右耳出，甚至直接封鎖溝通管道。

可能是我長期擔任後母導師這個角色，時常面對一群凡事都拿以前導師的種種來做比較的學生，一旦不順他們心意就搬出：「你很囉嗦耶！我們以前導師都不會這樣！」就像現在很多學生不會打掃拖地，即使教很多次，他們仍舊不會拿掃把掃地，有些學生還會回嘴說家裡有掃地機器人（甚至會說家裡有外傭）。遇到這樣的學生，若是對他們生氣或責備，只會讓他們更討厭我。因此初期我非常地耐住性子，教他們如何拿掃把和拖地，這不是開玩笑的，有些學生已是國三生了還不會掃地。只要稍微做得好就大力稱讚：「你很聰明，老師一點就通，其實你很會掃地，只是沒看到角落處有垃圾……桌子下有紙屑沒掃到喔……」其實整個過程是我一項一項指導，是很辛苦，必須跟他磨，磨到他做好為止。我開頭**不是批評指責的口氣**，而是有意無意地點出他疏忽的地方，學生常受不了我對他的讚美，想偷懶都會不好意思。

2. 讚美要誠懇而且言之有物

跟學生建立關係後，讚美的話千萬不要簡略帶過，你的讚美是真誠或敷衍，學生都感覺得出來。有時一句敷衍的話可能會傷害到學生的自尊心，甚至破壞師生之間的感情。如果遇到比較敏感的學生，也許會認為老師是出於同情或別有企圖，內心產生反感。老師讚美學生的話要言之有物，比如稱讚學生「當小老師的職務很盡責，是任課老師的得力幫手」，藉此建立學生被肯定和滿足感，進而提升他們做事及解決問題的能力。

第四招

溫情順毛，緩解心火

1. 別對暴怒的孩子火上澆油

孩子發洩情緒時，雖然在我們大人看來是不可理喻的言行，但他怒氣一上來，六親都不認了，面對失控的孩子，如果老師無法在當下鎮壓下學生的狂暴怒氣，最好的方式就是「安撫」，**放低聲量，語氣輕柔**地安撫，如果可以，就把他帶離現場，到不受干擾的地方讓他發洩情緒。

我曾有一個學生偉綸，他跟體育老師在辦公室起衝突，兩人劍拔弩張，口不饒人，體育老師甚至拋出挑釁的話：「好膽，你打看看啊！」通常人發怒時，情緒已在理性之上，尤其已抓狂的國中生是真的會動手揍人。當時師生兩人真的就要打起來了，此時跟他們講道理無異是對牛彈琴。我立刻過去勾起偉綸的手，遠離火爆現場，帶他到學校水池邊讓他先發洩情緒。剛開始他怒氣難消，拳頭緊握著，我跟他說老師知道你受委屈了，我話一講完，偉綸突然放聲大哭，我一直陪伴著，讓他情緒慢慢緩和下來。慶幸當時帶著偉綸離開現場，因為他說當時打算揍那位老師一拳了。

2. 先同理他的心情，當位傾聽者

我跟偉綸分享自己有時候跟兒子意見相左，覺得自己明明是為兒子好，但他覺得母親管太多而對我頂嘴，我也是怒火中燒，母子兩人鬧得很僵，所以老師可以體會你為何情緒不好。當下我真誠傾聽他的訴苦，**不急著論對錯，等到他情緒緩和時，再跟他討論整個事件過程。**我先同理他的心情不急著說教，讓他順其自然對我說出心事。如果遇到孩子不願意說也別勉強，至少讓孩子感受到老師是傾聽者，而不是提「油桶」來火上加油的。**人在壞情緒的時候是要「紓解」而不是被壓抑，老師不當「說教者」當「傾聽者」，是讓孩子明白「我在乎你」！**

3. 出其不意的溫柔，讓怒火降溫

上課時面對突然出言挑釁的學生，如果沒把握可以當場比大聲制服他，我真心

建議反其道而行。

像是仲文在班上總是三字經不離口，常常跟人起衝突，像個行走的「汽油桶」。有一次他在課堂上趴著睡覺，我叫了他一聲沒反應，走過去輕拍他一下，沒想到他竟然三字經連番出口，當下我**調整情緒，降低音量**問：「你怎麼了？平時你不會這樣的，是昨晚沒睡好，還是心情不好嗎？」沒想到他被我這一問，竟然眼眶紅了，當下我明白孩子心中可能有事無處發洩，幸好當時沒有因為他的無禮而斥責他。

對趴睡學生做「輕拍的動作」，在今日的教學環境是危險的，因為趴睡學生背後隱藏的因素很多，老師並不清楚學生當下的情緒，一個輕拍學生的動作可能引發的波瀾更是老師無法預料。根據多年的經驗，還是儘量不要觸碰到學生的身體，但如果是**安慰鼓勵學生，「輕拍」則是正能量的傳遞**，兩者感受差異頗大，要謹慎一些！

4. 老師先穩定情緒，不要急著解決問題

遇到學生無理粗暴的言行，老師要先穩定下來並安撫自己，而不是急著解決問

題。在可能發生衝突之前，先善待及支持自己，才有空間去觀照衝突中的另一個人，並且關心對方。也就是說，師生遇到衝突發生時，老師要先退一步靜觀安定自己的情緒，再和學生溝通，因為面對隨時會翻桌的暴怒學生，他們可以在事後道歉了事，但在今日社會價值觀劇變下的教育環境中，老師卻得為自己的情緒發洩付出慘痛代價，不可不慎。事實上，師生在怒氣中情緒高漲，硬碰硬只會兩敗俱傷。

我的做法是利用課餘時間找仲文到安靜場所，師生兩人面對面坐著，我用溫和的口氣問他要不要跟老師聊一聊，仲文突然低下頭哽咽啜泣，原來是早上出門時被喝醉酒的爸爸斥責還用腳踹。他在班上之所以常發脾氣，是因為經常當喝了酒就像野獸般的爸爸的出氣筒，滿腹委屈、心情壞透，卻不敢說出來，只能強忍著到校，有時忍不住心中怨懟，就會對老師同學發洩情緒，他明知道不對但內心的鬱卒沒有出口，早上趴著就是不想讓同學看到他的表情，我叫他時才會態度惡劣地回應。當下我先問他挨打的地方還痛嗎？我輕輕拍著他的背，溫柔地跟他說「老師好心疼！」這一句話讓仲文大聲哭出來，我讓他好好宣洩情緒，慢慢安撫他，引導他如何在憤怒之下轉化情緒，不要傷及無辜的人，這是件不容易的功課，老師願意陪伴他一步步改善。

5. 見招解招，四兩撥千金

小葉是我接國三後母導師班的學生。當時我們師生還在磨合中，他的個性倔強又很情緒化，有一天在我的課堂上玩手機，我提醒告誡，他仍繼續玩，甚至對我翻白眼，當下我依照校規取走他的手機，他馬上爆粗口說：「你娘耶！」我當時雖然愣了一下，但馬上調整心情，回了他一句：「我娘住在新營耶！你找她有什麼事啊？」結果小葉不知道該如何接我的話，愣在那裡，氣焰頓時消退。放學後我找他來談，因為他氣消了也知道自己理虧，於是向我道歉。我知道這不容易，畢竟老師也有情緒，但面對翻臉如翻書的學生，跟他們動怒是傷身又傷荷包，還可能連名譽都賠進去。**人在激動時會把小事變大事，冷靜時會把大事化小事，遇事冷靜不生氣，你就贏了。**

當然，我使用這方法也遇過挫折。今年遇到教學生涯的大考驗，是一位有智能障礙的學生，原生家庭的暴力讓他身心的創傷很深，對人懷有敵意，情緒變化無常，滿口粗話幹譙他人，有時拳頭一握就要揍人，自卑情結很深又異常自大，學習意願全看他的心情決定，稍有不順心就暴走，跑出上課地點，到輔導室像大爺般坐在沙發上，校規對他完全沒有約束力，他會翻白眼給你看，拒絕溝通。如果在他情緒尚未穩定時多談，他會馬上賞老師一堆髒話，有老師認為不能讓他為所欲為，跟他槓上了，卻被他出手毆打。我直到換跑道接手資源式中途班的導師，在他國三時才遇到他，即使我已經做了很多事前功課，但真正跟他交手後，真的趕不上他變化無常的情緒而一籌莫展。我坦言這孩子當初給我的壓力真是讓我神經緊繃，因為他完全不按牌理出牌，兩個月下來，我竟然累出病來，顏面神經失調。生病後，我放慢腳步調養身體，反省做法，才發現原來是我太急躁地想要教導改變他，面對一個身高一百七十公分以上，心靈卻住著小小孩又受創傷的孩子，我以為在教他，事實上是他在教導我如何面對他。在顏面神經復原過程中，我學習重新面對這孩子丟給我的功課，就是**「遇到學生無理粗暴的言行，老師要先穩定和安撫自己，而不是急著解決問題。」**當他情緒來時，我先安定自己，不被他挑撥心情，心平氣和後，再試著用溫和的語氣對談，不急著幫他上課。我們來來往往多次磨合，才逐漸摸到相處節奏，說實話，每一次跟他一對一上課都是挑戰，也是成長。

6. 放軟身段，轉化氣場

遇到屢勸不聽的學生，我也有怒氣上升的時候，但跟一個搞不清楚狀況又無厘頭搗蛋的學生生氣，只會讓上課的場子變成他表演的舞台。我會先短暫停下來不出聲，轉過身面對黑板調整氣息，再緩緩轉過來，用一張嚴肅的臉對著學生說：「我現在的怒氣已升高到喉嚨部位，因為天生長得沒有林志玲美麗，生氣起來更醜，因此我都會提醒自己別生氣，否則會變成醜八怪，你們別不知好歹！」這樣說是為了提醒學生老師已動怒，但堅定安穩的語氣讓上課氣氛有緩和的時刻，我馬上接著上課，讓原本想挑釁老師的學生瞬間沒了舞台，因為上課的場子歸老師掌控了。

第五招

亮點思維，尋找孩子身上的光亮

1. 放大孩子的亮點

有些孩子在課業成績表現上無法突破，甚至屬於低成就學習狀態，但書讀不好並不代表他一無是處。有些家長太看重孩子的學業成績，只要求考試的分數高，班上成績排名要好看，才是家長的驕傲，但孩子的學習要開竅不是老師和家長強迫來的。我教過國中階段在學習上提不起勁，常惹麻煩的學生，畢業多年後的同學會聚餐遇到他，竟然是國立中興大學碩士畢業，有一份收入優渥又穩定的工作；也有國中不愛讀書，看到課本就投降的學生，今日從事清洗洗衣機服務，月入二、三十萬元，真的是行行出狀元。有一句話說得好：「會讀書的回校當老師，不愛讀書的闖出一番事業回校來捐錢！」能讀書的孩子當然鼓勵他學業更上一層樓，書讀不來的孩子也一定有他的亮點未開發，我就來**當他的點燈者**。教會孩子做人做事的態度，才是他一輩子都可以帶在身上的寶物。

為了肯定孩子的做事態度，我常在上課時公開表揚獎勵做事認真負責的學生，給予正面肯定，讓孩子知道自己在課業成績外，也能找到亮點。只要聽到任課老師、同學或家長讚美班上某位學生，我一定會盡力放送，除了在班上讚美，還特地在聯絡簿上寫下他的美事讓家長知道，班親會時在家長面前再表揚一次（見P.99〈超愛幫人跑腿的里長哥〉）。

坤明是個沉默不語的學生，在班上很少跟同學互動，有時安靜到會讓人忘了他的存在。我常說他是個「絕緣體」，把他安排在愛講話的同學中間，可以阻隔同學上課聊天的興致；他還有一個特色，就是打掃工作盡責到讓老師嘖嘖稱奇。我發現坤明其實很想跟同學互動，加入聊天行列，但他不擅言詞，只要加入同學聚會，很快就因為話題對不上，場面馬上冷掉。我觀察到他常一個人安靜地在旁看著同學玩，那落寞又略顯自卑的神情讓我很心疼，我思索著該如何讓同學看到他的優點，也包容他不擅言詞的缺點。

2. 學習別人的優點，包容別人的缺點

坤明負責打掃校園外圍的走道，打掃時間鐘響，他永遠是第一個衝出去打掃，其他同學到達時，他幾乎把整排走道的落葉掃光了，外掃區之乾淨，連校外人士都誇讚。我在班會時讓同學票選班上打掃最有效率的達人，同學都提出坤明的名字，我帶著大家感謝坤明認真負責把外掃區掃得很乾淨，讚美他做事效率高，接著跟全班同學說坤明做事踏實又熱心助人，不會跟人計較，這麼多優點卻有個缺點，就是不擅於言詞表達。沒有一個人是完美的，我趁機教導他們要**用寬容的心態包容別人的短處，理解別人的難處，要用善意的眼光看待一切**。我相信同學都聽進去了，因為畢業旅行前分組時，他們會主動找坤明加入，這孩子很開心自己不再孤單沒同伴了。

這世界不缺少美的事物，缺少的是發現美的眼睛。當孩子學會發現別人身上的亮點，所看到的世界也會變得不一樣。

第六招

引導學生改錯，分三個層次

1. 「聽勸」：初次犯錯，讓他坐著講

學生如果初次犯錯，我找來談時是讓他坐著椅子跟老師面對面說話。我先聽他陳述自己的想法，因為立場不同，對事的看法、做法就不同。事情沒有絕對的對或錯，別急著判定他的過錯。我認為最重要的是讓學生明瞭整個事件對自己還有他人所產生的影響。再經過老師的勸導，讓學生能省思自己的言行，最終目的就是要學生能心服口服、認錯且知錯，事後再給予機會改進。而且答應他先不告知家長，但提醒再犯就會通知。這是多年經驗的累積，學生一犯錯就告訴家長，常是師生兩人結下樑子的起端，因為老師就是「報馬仔」，也可能造成親子間的衝突（見P.93〈幸好，我沒有點燃這把「火」〉）。

2.「提醒」：再次犯錯，蹲著跟老師說話

學生再次犯錯，我就不讓他坐椅子跟老師談話。**坐不坐椅子談話**，是我讓孩子感受到自己做錯事的級別。我也依照原本的約定，再犯就通知家長，學生會苦苦求饒不要讓家長知道，這時老師再衡量狀況，是否答應他的哀求，順便提高跟他談判的籌碼。

3. 緩一緩、想一想，再決定如何通知家長

先給孩子一個台階下，但提醒他再犯就會通知家長，第二次再犯錯，學生除了必須接受之前的處罰約定，還得通知家長。但是有時候老師告訴家長的用詞太直接強烈，有些家長一聽完脾氣就上來了，當場就給老師難堪；也有可能家長怒氣難消，在孩子放學回家後就直接算帳，演變成親子間的衝突，這時回家挨家長打罵的孩子，會認定就是老師告狀害他的，師生的仇就此結下，日後成了老師背上的一根痛刺；也有可能家長很疼愛孩子，再聽完孩子的說詞後，親子站在同一陣線，反過來找老師理論，結果問題沒解決，反而添增更多的麻煩及困擾，因此「緩一緩，想一想如

何開口說」，是為了避免節外生枝。

孩子犯錯，我願意緩一緩腳步，先輔導，讓孩子有機會從錯中學，只是有些事情我仍會依據輕重程度來判斷是否告知家長，如何拿捏就憑平時跟家長過招的經驗決定。

有人說老師是「危險行業」，因為在親師溝通前我們不知道對方家長的脾氣、價值觀、禁忌、心情好壞⋯⋯等等。親師對談的確是門高深學問，我自己也碰釘子多次，只能在錯誤中學習，摸索更適宜的親師溝通方式，畢竟我們的出發點都是為了孩子好，幾次磨合後家長會感受到老師的好意，跟老師配合；如果真的碰上雞同鴨講的家長，親師溝通像有一道高牆堵在中間，當家長是阻力不是助力時，我會退一步，把更多時間花在輔導孩子上，如果一定要聯繫，則只對家長報喜不報憂，也是為了減少節外生枝（見 P.99〈超愛幫人跑腿的里長哥〉）。

第七招

告知家長的技巧

老師若要告訴家長孩子犯錯，建議事項如下：

1. 時間點：

最好趕在孩子跟家長告狀前，向家長敘述事情經過。盡可能在學生**放學前**先跟家長溝通好，免得學生回家跟家長告狀被老師責罵。有些學生為了怕被責備，會挑對自己有利的話來混淆視聽、顛倒是非，也有些家長沒查明就火冒三丈衝到學校找老師理論，甚至直接告到教育機關，等到老師被告知時，已經錯過處理的契機。

像是小明上課經常遲到，每次藉口都是沒聽到鐘聲，任課老師很生氣地對小明說：「你都說沒聽到，是不是需要檢查聽力啊！」小明馬上回嘴：「我要回家跟我爸說老師詛咒我聽不見。」

當下這位任課老師很緊張地找我幫忙，因為小明的爸爸常來學校找老師理論。

我在小明還沒有放學前趕緊打電話問家長，孩子回家是否曾反應都沒聽到上課鐘聲響一事，爸爸回應從來沒聽說過，我接著說小明最近上課都很晚才進教室，任課老師問他原因都回答沒聽到鐘聲，老師確認學校鐘聲沒有故障，也問過班上同學，大家都說鐘聲正常，但小明堅持他就是沒聽到鐘聲，我問家長該如何處理，當下小明爸爸直接說：「這是他的藉口，由老師處理！」老師無法預料孩子回家後是否會跟家長亂告狀，但有了這句話在前，至少先避免孩子顛倒是非的機會。

2. 事先跟家長說明處理原則：

班親會上，我會先跟家長溝通我處理學生犯錯的原則：「對於初犯的學生，都會給一個台階下，目的是引導他願意直視自己的錯誤，去修補與誠懇道歉，並銘記在心，避免再次發生。」因此，我會視事態輕重衡量要不要馬上告知家長，因為讓**學生意識到自己的過錯，是需要學習的；承認自己做錯事，是需要勇氣的**。如果家長仍堅持要導師在第一時間告知孩子發生的事，我一定會尊重辦理。多年經驗下來，大多數家長通常會感謝導師此番用意，但如果要求一定要在第一時間就知道的家長，導師心中要有個譜，日後跟他們溝通時一定要謹慎用詞，因為此類家長對孩子的要求可能很高，不容犯錯。

多年來跟家長溝通的經驗中，如果老師將孩子在校大小事都如實地告知家長，親子間要是早已有潛在的衝突問題而我事先不清楚，事後所衍生的後遺症恐怕會讓導師瞠目結舌，例如前文中提及的打斷宗維手的父親、要把小展關在家裡的父親。又或者如果學生本身沒意識到自己的過錯，反認為老師是「報馬仔」害他挨罵，師生恩怨有可能就此結下，更糟的是變成親子聯合起來跟老師槓上，從此噩夢不斷。因此利用班親會或跟家長談話中，我事先說明做法，讓家長明白我的用心良苦，得到家長的支持讓我在輔導學生過程中減少很多節外生枝的困擾。

3. 老師先緩和情緒再溝通：

老師若要告知家長學生犯錯，一定要先緩和自己的情緒，避免在氣頭上跟家長溝通，因為這時候容易用情緒化的字眼或有爭議的用詞，不管是寫在聯絡簿、LINE上或電話溝通，都可能讓家長望文生義，反過來認為是老師找小孩麻煩。尤其家長當下認為是老師小題大作時，真的會狠狠地打臉老師不留情面。尤其現在普遍都是用 LINE 聯繫溝通，如果遇到得理不饒人的家長，往後老師的 LINE 會天天傳來一大堆家長要你完全配合他的訊息，叫人欲哭無淚，因為不能刪也不能未讀，已讀不回他會再提醒你，回應不合意他又會再傳訊息「教導你」。這些都是真實發生在老師們身上的慘事，搞到老師們跟家長溝通變成一件艱辛危險的任務。

4. 謹慎下筆的文字：

老師使用 LINE 寫文字跟家長溝通固然方便，但因為每個人的解讀方式不同，有時候老師無心寫了一句，如：「我沒空跟你談了」就會讓內心已不舒服的家長更加火冒三丈，引發的後續效應是老師不敢想像也想像不到的後果。尤其 LINE 的截圖功能常讓老師惹禍上身還渾然不知，等到禍事臨門，才知道一段截頭去尾的內容對自己造成多大的傷害，因為家長不會找老師釐清，而是直接上告校長、媒體，甚至是教育部，這常常使問題焦點被模糊了，而老師更是沒機會可以洗清冤枉。我就曾經踢過鐵板，LINE 上的文字被家長截圖，當時不知自己惹禍上身，還振振有辭地覺得自己行得正沒什麼好怕，沒想到當真的被纏上了，才知道跳進黃河也洗不清的可怕。當時真的被家長傷得不輕，後來不想再歹戲拖棚，毅然向這位家長道歉，沒想到最後幫我洗刷冤屈的竟是他的孩子。老師跟家長溝通時，在文字措辭上千萬注意可能引發爭議性的用詞，例如：

- 你的兒子**故意**絆倒同學
- 你的小孩**欺負**同學
- 你的孩子**嘲笑**同學
- 你的孩子**亂摸**同學身體
- 你的兒子**亂打**同學

尤其是**「故意」**這個字眼，家長最無法接受，因為老師憑什麼說他的小孩是故意的而不是無意或只是跟同學玩。老師與家長之間常因為一句話的用詞鬧得不歡而散。因此，我誠懇建議凡是用文字寫在聯絡簿或 LINE 上，**一律報喜不報憂**，因為家長看到文字的解讀方式，我無法預料，喜事會讓人眉開眼笑，但壞事可就火冒三丈。通常我選擇以電話聯繫，但最佳方式是請家長到校一趟，因為可以面對面談，看得到雙方表情，可以免除不必要的猜測。

5. 換位思考，先卸下家長心防好溝通：

要跟家長說明孩子發生的事之前，我會先換位思考，模擬一下要說出口的話，若以家長的角度來聽，自己是否也接受得了？緩一緩、想一想再開口。誠懇建議不要開頭就告狀，先找出可以讚美對方孩子的美詞再談，卸下家長心防後再溝通，因為我們是要解決問題，不是再製造問題。

以下分享「卸下家長心防好溝通」開頭的用詞：

- 你家孩子很會拖地，在家一定都會做家事……，但……
- 你家孩子在班上很熱心，會主動……，但……
- 你女兒字體很端正，讓老師批改作業時眼睛一亮……，但……
- 你家孩子很活潑好動，體能不錯（體格很棒）……，但……
- 你家孩子眼睛水汪汪的好漂亮，是像爸爸還是媽媽啊……，但……
- 你家孩子身材高挑，是空姐的標準……，但……

・我很喜歡你的孩子有禮貌又貼心……，但……

・你家的孩子在班上人緣很好……，但……

例如晏廷又在班上動手打人，而且對方還受了傷，第一次跟家長溝通，我並不知道晏廷家長的狀況，於是開頭跟家長閒話家常：「你兒子晏廷力氣很大，常常幫忙搬東西，是很勤快的孩子，個性很直爽，導師很喜歡他……」家長聽完我的讚美後，原本以為老師要來告狀寶貝兒子的惡行，出乎意料下緊張氣氛頓時變得愉悅放鬆，還一直感謝我對兒子的讚美。接著母親說晏廷就是食量大，才會力氣大，長得高壯，但脾氣很衝，在家常跟弟弟打架，讓她很傷腦筋，聽完後我才順勢敘述晏廷在班上打人一事，此時家長能接受事實而且願意配合導師的處理。

6. 親師攜手合作，各扮黑白臉角色

老師黑臉＋家長黑臉＝老師被黑化！

老師白臉＋家長白臉＝孩子變敗犬！

如果孩子在學校的行為已經依校規處理過，我會請家長不要再責罵，給孩子改

進的機會，就如晏廷在班上打人一事，因為是第二次發生，我依約定通知家長。讓母親知道此事也是想透過親師溝通孩子在校的行為，再提醒母親「黑臉由導師當」，請母親幫忙跟晏廷善解導師的用意，孩子回家後千萬不要再責備處罰，母親聽懂用意連忙向我道謝，表示願意全力配合導師。

如果親子在家發生衝突，老師的角色是潤滑劑而不是加油器，在學校安慰孩子，緩解他的情緒，再視機緣跟他談（見P.106〈爆竹性子的女孩，一點就炸開來〉）。沒有人喜歡被人在背後說是非，多年來我跟家長一起扮黑白臉角色，真正的目的是引導孩子有正確的觀念，當家長感受到我的用心良苦，通常會因感動而支持，成了我導師生涯堅強的後援部隊。

有些嚴重且有緊急時效性的事，學生害怕挨罵，會拜託導師不要跟家長講，我衡量過輕重後，如果導師有責任一定要通知家長，我會謹慎用詞，但是會提醒家長：「**千萬別跟孩子說我講了什麼事，這是我們親師的祕密**，目的是一起合作幫孩子度過難關，說了孩子就不信任導師，我也無法輔導他了！」

例如曉玟交了男朋友後，課業退步很多，上課常晚進教室，脖子上有很多明顯的吻痕，我私下跟母親溝通此事，要她注意曉玫放學後的行蹤，因為兩人正熱戀中。曉玫讓我知道她交往的狀況，但不願讓家長干涉，面對學生戀情常讓導師兩難，因為現今學生談戀愛都不太拿捏尺度，有些都已經發生親密行為，如果不告知家長，事後衍生的問題可不是導師可以承擔的。因此，我會跟家長配合沙盤推演，導師在明處輔導，家長在暗處關心，一起陪伴他們度過兩小無猜的戀愛期。

7. 小心不點燃親子這把「火」：

老師跟家長溝通，最傷腦筋的是遇到漠不關心或反應過度的家長，還有平時不關心卻暴力對待孩子的家長，小展就是一個例子。因為平時都是小展的爺爺跟我聯繫，當時我並不清楚他的童年常被爸爸暴力相向，幸好臨場應變安撫家長讓他平息怒氣，最後還懇求父親讓我教導小展，才結束這場意想不到的風波。

又如宗維常曠課不來學校，我向照顧他的阿嬤聯繫也沒改善，原本要打電話跟父親溝通，幸好由校護給的資訊中得知宗維小學時因為國小老師向父親告狀，爸爸竟然暴怒打斷他的手，從此父子形同陌路，幾乎沒有互動。我很慶幸自己當初**小心**

這把「火」，沒再點燃他們父子間的戰火，但這真的要靠經驗，因為此類型的家長通常不會出席班親會，我能做的是由各方收集情資，或跟學生談話中獲得一些訊息當參考，有時以關心孩子在家的作息為藉口，從跟家長的對談中察覺一些蛛絲馬跡。

8. 摸不著、猜不到的家長的心情：

清華上課常玩釘書機、按原子筆頭、開關美工刀，凡是可以發出聲響的物品，都被他拿來玩弄，讓上課老師不勝其擾但又屢勸不聽。我多次處理也保管他擾亂上課的物品，沒想到隔天竟然又帶來一把蝴蝶刀，嚇到坐在附近的同學。我把處理方式通知家長，當時並不清楚家長從事夜班工作，白天比較晚才起床，當我去電告知孩子的事時，原本以為家長會跟我一樣擔心孩子帶危險物品，沒想到家長的「起床氣」竟然發洩到我身上，覺得是我對她的孩子有成見，還一直威脅她要全程錄音。遇到這樣的家長，讓我感到很受傷，如果不先穩住自己的情緒，面對如此無禮的態度，導師的熱忱也會消退。**「誤會」就像平坦道路上的小石子，必然存在！**幸好清華回家跟母親說明是自己的錯，是母親錯怪導師了，原來平時我的處理方式讓孩子心服，否則家長的誤解常會引發許多說不清的困擾，對親師生三方都造成傷害。

第八招

管教的真義是改善而非處罰

1. 對已遭處罰的孩子，切忌再提油救火

遇到學生違反校規已送至學務處罰站時，我常會過去關心孩子為何被罰，明白原因後再設想如何事後輔導他，我和學務主任分別扮黑白臉，我的口頭禪是：「這孩子在我班上很乖，怎麼會做這樣的傻事呢？」雖然有些違背事實，但導師先有這番安慰，接下來輔導學生，他才能聽入心坎裡，**儘量不要在他已被處罰了還當面責備**，一個已受罰的孩子，老師如果又在一旁碎念他會是什麼結果呢？我們將心比心，就可以明白那種煩躁的感受。

忠義國一時身上就有濃濃的「8＋9」味，坐椅子會把一隻腳跨在上面，三字經不離口，幸好沒口嚼檳榔，否則那調調像極了黑幫裡幫人圍事的小弟。只要有校外違規，如打群架、喝酒、抽菸……等事，我一定會接到通知忠義正在學務處蹲著，等待校規處理。我知道這孩子的個性是「朋友有事，必兩肋插刀」，他的本性良善

有正義感但衝動易怒，明明沒他的事卻惹一大堆麻煩事上身，遇到這樣的孩子，如果我不引導他把正義感放在對的地方，往後出社會可能付出的代價就不會只是記一支過。

我到學務處看他時，先對學務主任說：「我們班的忠義是很熱心助人的學生，同學們都很喜歡他，我也很疼愛他耶！怎麼會在這裡蹲著啊？」忠義看到我，突然很不好意思地低下頭。事後我找他聊天時不責備他，只問他蹲在學務處的感覺，他很訝異，因為本來以為導師又要念經了。師生在氣氛祥和之下談話，他說自己沒動手打人還幫忙勸架，只因為一群人鬧事全被叫到學務處處理。忠義拜託我先不要跟家長說今天的事，因為他從國小就惹事不斷，家長常接到通知，我答應他的要求，請他寫一張跟導師的約定書，還讓他蓋手印，放在我辦公桌墊下。

處理這種暴衝型的孩子，就如同書裡所寫的方法，**要先順毛**。期間我跟家長密切合作，各自**扮黑白臉**三年，這過程精彩無比但結局卻讓人感動欣慰，畢業前夕，忠義主動要求利用假日粉刷班上的牆壁，他粉刷的工夫媲美專業，最後竟然無償幫所有三年級的教室全部粉刷一遍，此舉讓校方讚歎不已，他說國中三年給學校惹很多事，他想用實際行動回饋學校。畢業後忠義的母親來找我，說：「幸好我的兒子在國中這三年遇到老師！」這句話就是給導師最有力的鼓勵，雖然過程辛苦，卻真是太值得了。

2. 引導孩子坦誠地面對錯誤，學習彌補錯誤行為

對於初犯錯的孩子，我都會給他台階下，保留他的自尊，讓他知錯，再引導他改過；對於屢勸屢犯又明知故犯的學生，則會嘗試各種方法引導他。我知道要讓一顆頑石點頭沒那麼容易，有些耗掉半年時間才看到一絲成效。我不喜歡以校規記過來管教屢犯的孩子，因為記過對學生來說不痛不癢，只有少數自尊心強的孩子會在乎，而且常被記過的學生不但不當一回事，還會在背後罵老師只會記過這一招。

富強每到打掃時間常不見人影，他覺得地板反正都會髒，幹嘛要打掃？勉強拿起掃把也是離地兩公分，磨了很久，只進化到用掃把碰到地面一下下。我事先跟家長溝通，說明要在放學後留下富強，教導他打掃方法，家長明白我的苦心願意配合，因為他們太清楚自己兒子的狀況。

我跟富強說因為他沒有盡到打掃的職責，要在放學後留下來把教室地板刷乾淨，導師會全程陪伴，但超過半小時就要付給導師加班費（我事先跟家長談過這是策略用詞）。聽到要把班上地板刷乾淨才放學，他百般不願意卻無可奈何。我教他如何刷地板時，是師生兩人一起動手做，過程中我跟富強說：「你打掃的本分工作都沒有做好，我放學留你刷地板，也是老師處罰自己沒把你教好！」雖然做完已超過半小時，但看到地板亮晶晶，他覺得很有成就感，原來自己做得到的。我如此費盡心思就是要讓學生了解，對自己行為負責的重要，往後打掃時間他不敢再偷跑不做，當然也是怕放學再被我留下來。

3. 另類的彌補過錯方式

小杰跟他在別班的雙胞胎弟弟常常翻牆蹺課去校外逛大街，因為違反重大校規，由學務處處理，學校記了他們兄弟很多支過，但兩人對記過處罰不痛不癢，毫不在乎，讓家長及校方都很頭疼。為何會屢勸不聽？因為兄弟檔有伴，一個人沒膽、兩個人就有膽、三個人就更大膽。

有一次，小杰沒跟上弟弟的翻牆蹺課之旅，竟然翻過學校圍牆再翻回來，真是無聊當有趣，當場被學務處逮到，但即使已經累積到一支大過了，他仍舊不在乎。當時我晚上還有補校的課，我跟家長商量，小杰白天蹺課晚上就到補校補課，但一定要由**家長親自載他**來上課再載他回去，這個辦法讓小杰不再蹺課，因為晚上跟一群阿公阿嬤上課太糗了。

我曾利用假日帶著情節足以記大過的學生到創世植物人安養中心做志工（結果幾乎全班都跟著去），或讓他們到學校的特教班服務，可以彌補自己的過錯，也學習服務他人。這樣的管教方式雖然得花費很多時間及精神，但看到學生願意直視自己的錯誤，願意修補及誠懇道歉，並銘記在心避免再次發生，一切辛苦都值得。

我們多鼓勵，少責難，如果可以引發別人心中的善，你就成了天使，還能多一位得力助手；反之，引發的是對方的惡，你就多了一個芒刺在背的敵人。

4. 社會價值觀的轉變

現在老師想在放學後留下學生輔導，不管是因為課業或行為因素，學生從學校回到家的過程，都是老師最擔憂的。曾經有同事義務留下全班於放學後加強數學，沒料到其中一位學生先離校沒告知老師，老師心想不能為了一個犧牲全班學習便繼續上課，沒想到一個鐘頭後下課時，家長來載卻等不到孩子，直接在校門口開罵老師不負責，一位充滿教學熱忱的老師當下像洩了氣的皮球無言以對，家長當下找不到孩子的擔憂情緒全發洩在老師身上。面對今日不友善的教學環境，讓很多老師想付出又怕傷害的心情，逐漸演變成寧可少做少錯的心態。

其實早期的社會環境較單純，家長對老師願意花時間教導都充滿感激，但如今面對複雜且快速變化的價值觀，老師的熱忱常因害怕做錯而裹足不前。我的想法是事前跟家長做好充分的溝通，最好有白紙黑字的同意書，寧可先謹慎防範，再實行我的做法。

第九招

探究因果，再對症下藥

1. 孩子行為的背後，都藏著一個「需要」的故事

躲在教室角落的「隱形人」阿良，背後有個吸毒又不務正業的爸爸及無力教養孫子的爺爺；全身像刺蝟的恰恰，背後有個常對她惡言相向的母親；對老師緊閉心扉的宗維，背後有一個打斷他的手又沒盡到撫養責任的爸爸；問我「老師，我可以抱抱您嗎」的小展，背後有個脾氣暴烈罰他跪在大馬路上的父親。**受傷的孩子背後常有壞掉的大人**，這些案例的行為背後，都藏著一個「需要」的故事。每個我們所謂的「問題學生」，其實是學生碰到問題而不知道如何解決，只能用他自以為是的方式來面對，結果常傷到他人，也讓自己陷入困境（見第四章〈你不懂我！——期待被理解的孩子〉）。如果老師沒有探討原因，一味地用班規、校規處理，常造成師生之間劍拔弩張，結果兩敗俱傷。

2. 協助被「特殊」壓頂的孩子喘口氣

常聽到老師處理班上事務時，會說對每位學生「公平處理」，但通常是指「處罰上」的公平性，比如考試成績未達標準時罰抄寫的次數、作業量的要求……等等，但是對於有學習障礙的孩子，總是很難達到老師的要求，立足點就不公平了，對他們談公平情何以堪？更殘忍的是，有些老師或學生會公開指責他們是班級成績的拖累者，尤其在分組學習時，特殊生常被認為是麻煩者，覺得他們在學習上跟不上，應該到特教班就讀，因為程度差異大，讓老師在教學上倍感困擾；情緒障礙的學生在課堂上情緒失控，因為不被理解，讓他變成上課秩序的破壞者（見P.65〈折翼小天使慢慢飛〉）；加上很多特殊生的家長擔心孩子在學校被貼上標籤，在入學或新編班時不願意跟老師說太多（見P.127〈我不是麻煩製造者！不被理解的妥瑞兒〉），甚至拒絕學校幫忙評估或特教的服務。結果讓他們得接受跟一般孩子一樣的要求和課業，對他們來說，是很沉重的負擔。

教室內就是社會的小小縮影，各式各樣的人都有，每一個孩子都是不同的個體，縱使在同一個家庭裡長大，也有著不同的天分。我認為教導學生包容心和同理心比教他考試一百分還重要，因為這個世界不缺聰明人，聰明卻沒有慈悲心、包容心的人危害社會的殺傷力更可怕。

這世界真的不缺頭腦聰明的人，最缺的是慈悲及有包容心的人。老師是班級風氣的風向球，該怎麼樣引導其他孩子們面對別人的不同，是門比授業更重要的課題。在家，孩子看著父母的背影成長；在學校，學生看著老師的背影學習。老師要放下有色的眼光，因為每個人都是生而不平等，來到人世間都有他的道理。老師若教會班上的孩子包容及接納不同性質的孩子，**孩子的心良善了，行為就良善。**

第十招

心平氣和處理孩子玩鬧的行為

1. 追趕跑跳碰的代價

學生在教室內追逐，是老師最頭疼又防不勝防的事，即使千叮萬囑，學生依舊你追我跑，玩得不亦樂乎，跟他們動氣簡直是浪費老師的體力。面對講不聽的學生，我做出一張切結書：**「我是○○○，老師已經多次勸告我不要在教室追逐，但我實在太愛在教室追逐，因此如果撞破頭血流滿地，我不得怪別人，因為是自找的，但如果因此撞傷人或物品，我願意承擔賠償責任，絕無異議。」**請他寫完拿回去給家長簽名。通常他們看到內容後，根本不敢拿給家長看，但這只是給他們的教導及警告的手段。需要動用處罰時，就是讓他們午休時面對面抱在一起十分鐘，每次累加時間，或者是兩人合力雙手高舉拖把（男女生通用）。處罰過後會有立即效果，因為那感覺太糗了！看到他們原本在外面打鬧，進入教室後不敢再奔跑的樣子，真讓人會心一笑，但這方法僅適用於國一生，要年紀稍長的學生抱在一起可能較為難。

2. 教室內丟球的後果

在教室內玩球，是男同學最熱中的室內遊戲，就算禁止他們在教室玩球，同時警告他們會有打破玻璃及打到人的危險，學生搞怪的腦筋還是轉得很快，他們會再試丟紙球，理由是它打到人不會痛也不怕打破玻璃，真的是層層考驗老師的修養及智慧。

我利用班會時間處理，先問被紙球打到的同學感覺如何，同學回應雖然沒受傷但莫名其妙被打到很不舒服，我反問闖禍的學生打到人不管痛不痛都要負責，這點「小事」需要老師請家長出面處理，還是由老師協調和解事宜？最後全班討論的結果是買一瓶光泉鮮奶加麥片給被打到的同學當賠罪禮。依據全班討論結果訂下規定，下次敢再玩，就要買星巴克飲料賠償打到人的過失，這就是在教室玩球要付的代價。但同學喝過一次光泉鮮奶加麥片後，從此就沒有機會喝到星巴克飲料，因為沒人想跟自己的零用錢過不去。

3. 拿班上用具當玩具的代價

班上有些精力旺盛、破壞力強的孩子，會把教室內的用具拿在手上化為玩鬧的武器，如噴水器、板擦、粉筆……等等，遇到這種無聊幼稚的行為，我在處理的過程常忍不住要笑出聲，但改善效果卻很好。

一年級的孝維擦窗戶時拿起噴水器往同學身上噴，最後變成同學間打水仗，玩得不亦樂乎，當然教室也被玩瘋了的孩子搞得一塌糊塗。全班都可以作證孝維玩鬧的行為，我問大家教室噴水器的用途是噴窗戶還是噴人？大家異口同聲說是噴窗戶。既然明白噴水器的用途，今日有人錯用它，就該對噴水器道歉，於是讓當事人恭敬地對著噴水器說二十次對不起，態度隨便就再增加次數，同學幫忙數著孝維彎腰次數，過程雖然看似好笑，但讓孩子明白錯誤的行為，通常只要一次，目的就達到了。

第十一招

處理學生糾紛：簡易法庭

處理步驟：

1. 老師先安撫雙方情緒。
2. 雙方找事件目擊者來當證人。
3. 各自陳述經過，理出前因後果。
4. 學習道歉，緩解彼此的怨氣。
5. 讓孩子明白「得饒人處且饒人」的道理。

處理原則：

1. 導師沒在現場，只能依「證據」處理。
2. 聽他們陳述過程，再分析事情因果，每一個事件背後都有緣由，導師就事論事，依每一個環節讓他們思考「事出必有因」，探討糾紛的原因。

3. 在「證人」答辯過程中，讓紛爭的雙方看到事件的不同面向，學習站在別人的立場思考問題的產生。

4. 讓雙方放下怒氣，考慮要「和解」還是依犯行的輕重程度「處罰」，通常學生考慮後果都會選擇和解。

5. 當下談和解要有「老師與雙方的證人」當見證人，雙方保證不再翻舊帳。如果不放心，就讓他們各自寫下切結書由導師保管，當成日後再發生爭執的證據。

處理效果：

我不敢篤定**「簡易法庭」**開一次就能讓爭吵的學生放下怨氣和好，因為學生間結下的樑子有可能非一日之寒，但經老師抽絲剝繭探討因果關係，無意中也化解他們之前的誤會。雖然處理過程會花費很多課餘時間，但班級的學生能和睦相處是因為我教會他們「冤冤相報何時了，冤家宜解不宜結」的道理，我覺得辛苦是值回票價的！（見P.132〈當我遇上以牙還牙的鬥雞學生〉、P.99〈超愛幫人跑腿的里長哥〉）

第十二招

聯絡簿的大妙用

批改聯絡簿是老師的職務，也是最傷腦筋的工作。有些學生在聯絡簿上會跟老師對談及分享心情，但很多學生是應付了事，聯絡簿的功能一年比一年薄弱，學生多半把它放在學校不帶回家，因為家長沒簽名也不會看內容，常常是到校後才草率寫下「今天沒下雨！」「今天沒事發生！」……等等沒營養又敷衍了事的內容，於是我設下題目，讓學生增加寫聯絡簿的樂趣，如：

1. 題目：我對○○○的看法

我把聯絡簿分成兩組，如果全班有二十四人，前一組十二位同學寫對1號同學的看法，後一組寫對24號同學的看法，這兩位同學各拿走寫對自己看法的聯絡簿來看，而且每本都要寫回應的話，順便讓學生感受老師平常批改他們聯絡簿的辛苦，等他們看過寫完後，我再全部收回寫評語（也可以先由導師批改，再給這兩位同學看）。在這個過程中，我先教導學生用詞不可以太犀利也不可以人身攻擊，因為有一天也會輪到同學寫對你的看法。同學寫出的內容常讓我有發現新大陸的感覺，原來班上學生有那麼多我不知情的特性，藉由這個方法除了讓我更深一層了解學生，而且被寫的學生也能在同學對他的評價中認識「別人眼中的自己」！

2. 題目：我想對○○○說謝謝

教導孩子感謝的話要說出口，而不是抱持著「我不說出口他也會知道」的態度。我教孩子感謝內容要言之有物，同時也會幫忙把他們感謝的話傳達給對方。透過這個表達，讓孩子習慣感謝他人。我必須說句真心話，現在的孩子常把別人的付出當成應該，「謝謝」變成了一句難以啟口的話，沒騙人！

3. 題目：我想對○○○道歉

開口承認錯誤不是一件容易的事，學生透過聯絡簿表達，由我當和事佬，把學生不敢說出口的歉意傳達給對方，而我也從中得知學生之間發生過的衝突，一舉兩得。

4. 題目：我想讚美○○○……

鼓勵學生找出同學的亮點，給予肯定讚賞。我常從學生對同學的讚美中發現一些學生的隱藏版優點，利用公開場合再傳達表揚被讚美的學生，當學生聽到自己受同學讚美，會露出喜悅又害羞的表情，也讓一些較為內向的學生有了信心。

5. 題目：我最欣賞的同學……

我跟學生說，**「越欣賞一個人，跟他的關係就越好」**，想要改善和他人的關係，要先找出他身上能找到的所有優點，然後打從心裡欣賞他。我要求學生寫出欣賞同學的具體特點，再把聯絡簿拿給被欣賞者看，並請他在聯絡簿上留言感謝對方的欣賞。我這麼做就是希望讓班上學生相處友善及和諧，因為我相信被欣賞的人會情不自禁地也對他表現出友好的一面。

6. 題目：我想鼓勵○○○……

班上有些學生個性太內向或學習較低成就，透過同學友善的加油及鼓勵，讓他覺得自己不孤單。

7. 題目：我在這個班學到了……

這題目讓我省思帶班的成效，由學生的表達可以察覺自己的教學理念在班級經營發揮的效能，藉此讓我再調整方法。

8. 題目：我想對○○科老師說……

學生把上課狀況表達出來，由我擔任傳達者告知任課老師。我將讚美的內容拿給任課老師，帶給他們信心及開心，這也是我們班常是任課老師最愛來上課的原因。對於學生對任課老師提出建議事項，我會探討原委，居中做師生的協調。這個功能讓我可掌握班上的上課狀況，尤其有些任課老師還會在學生聯絡簿上回應，讓師生彼此都充滿喜悅，我相信讚美的文字會開啟人愉快的心情。

9. 題目：我做過的善／惡事

設定這個題目是要讓學生反思自己平時的言行，我常教導學生**「勿以惡小而為之；勿以善小而不為」**。今日社會價值觀的改變，「千錯萬錯都是別人的錯」已成了社會亂源之一。我讓學生隨時反思做錯事能承認又肯改過是不簡單且值得按讚的行為。常做善事的學生，我會稱讚他積善德，是有福報的人。我教導學生起心動念一定要小心，心裡如有不好的念頭，不但會造成長期的煩惱，也可能是一生的障礙，因此要隨時覺察自己的心念。

10. 題目：我覺得自己是有正或負能量的人，因為……

同學相處遇到**益友**，人生將充滿光亮；反之，遇到損友，人生就會充滿災難。這在班級經營上屢見不鮮，**一個孩子「沒膽」幹壞事，兩個人就「有膽」，三個就更「大膽」**。我讓學生反思自己是有正能量的人，會讓朋友越來越好；還是有負能量，讓朋友走下坡。

11. 題目：班上讓我最感動的人／事

班上同學寫出讓他最感動的人／事，導師可以從中得知為善不欲人知的美事，再利用課堂或班親會時，把這些感人的事蹟分享給更多人知道，當好事善行被宣揚及受到肯定，不但可以潛移默化孩子的心性，家長聽到老師的陳述也會感到欣喜，甚至是意外之喜，因為家長看到聯絡簿上寫的是讚美而不是告狀。一般導師常會在聯絡簿上陳述學生在班上的犯規事項，這也是親師生三者間關係緊張的原因之一，因為家長看到孩子的「惡事」通常會有情緒，有些會直接打罵孩子。另外的目的也是希望家長跟孩子的互動不再只聚焦在成績的表現。

12. 題目：對於班上打掃不盡責的同學提出改善方案

讓學生提出打掃不盡責同學的改善方案，其實是一舉兩得，不認真打掃的同學必須面對自己的問題寫出改善方案；原本就認真打掃的同學，則是以他們的觀點提出改善方案，我再讓班上討論可實行的方法。

13. 題目：我有話要跟導師說

班級經營中，學生難免會對導師的一些做法有意見，或是因為立場不同而有不一樣的看法，有些學生不會講出來，卻在私下發酵對導師的不滿，導師如果不知情卻感受到班級氣氛不對勁，我就會用這個題目來探查虛實。有些學生會幫導師點出癥結所在，我再對症下藥。導師對這樣的做法必須先有心理建設，因為有些學生下筆可能不會留情，導師看了批評或不實的字眼會受創，但調整心情後反而要感謝學生，否則背後的「黑影」會讓導師更疲於奔命，勞心又勞力。

第十三招
善用午餐時刻經營品德教育

1. 如何開導那些吸空氣就飽的仙女、仙子

我一向很重視學校的午餐時間，它是品德教育實現最佳時機。今日很多家庭三餐常外食，家長也會拿錢讓孩子自行解決早餐，我觀察到學生常常一大早就買便利商店的零食、可樂或巧克力隨便充飢，吃太多零食的結果，就是中午用餐時間吃不下；或是過度挑食嫌棄學校的營養午餐不合胃口，為了避開老師的唸經，就會到教室外面閒晃，我形容他們是吸空氣就會飽的仙子、仙女。

我常利用聯絡簿私下關心不吃飯的孩子，鼓勵他們要吃正餐，才不會錯過長高期，老師個子矮小長不高，就是當時沒人提醒我要保握長高的黃金時期。尤其有些學生放學後就直接到補習班上課，常買一塊雞排或珍奶當一餐，因此中午這餐是他們一天中最營養的一餐。

對於常嫌學校食物不合胃口所以不吃的學生，我都會私下說：「餐費五十一元

三菜一湯還有水果，覺得菜色不好可以改繳一餐兩百元的餐費，好嗎？」我用將心比心的口吻跟學生溝通，因為導師下班回家要煮飯，每頓飯菜都要花很多時間及金錢，學校午餐有營養師把關，有菜有肉又有湯是很幸福的；對於可減免午餐費的學生還挑剔菜色不合胃口不吃，我也會私下跟他說：「你目前一餐的餐費，有老師繳的稅金，雖然不吃是你的個人意願，但我們納稅人可以不要浪費這筆錢，老師想跟家長商量下學期的午餐減免福利是否取消。」當我提到放棄午餐減免福利時，他們都會驚嚇，因為這類孩子不吃午餐都還是會拿「寒暑例假日餐券」回家，當我提到要跟家長商量時，他們會瞬間理智清醒，回我：「老師，我明天會開始吃飯了！」

2. 在溫情的關懷中，改善孩子的挑食習慣

我常在用餐時關心學生狀況，咳嗽的學生會提醒不要吃油炸食物；腸胃不適的建議他吃清淡點，還會拜託廚房準備粥；學生在用餐時間有事耽擱了，我會交代旁邊同學先幫忙盛菜；遇到心情不好吃不下飯的學生，我也會同理心慰問，還特地把飯菜做成飯糰，等他肚子餓的時候再吃；有時我會化身營養師兼媽媽的角色提醒學

生，像是有青木瓜排骨湯，就鼓勵女生多喝，可以促進發育、紫菜味噌豆腐湯高鈣，多喝會長高……，遇到有苦味的菜如芥菜、苦瓜，我會形容它們能清熱退火，火氣旺的人要多吃，尤其長青春痘的人，再加上一句「能吃得了『苦』的人，代表他做事也能吃苦耐勞」，結果我們是學校唯一把整桶芥菜吃光光、把鳳梨苦瓜雞湯喝到見底的班級。

我會用各種方法招呼班上每位孩子吃飯，讓這些原本在外面吸空氣的仙女及仙子一個個回到班上一起用餐，讓會挑食的孩子在潛移默化中改掉壞習慣。中午班上吃飯的氣氛**溫馨和樂**，就像大家庭，看著他們長高長壯畢業走出校門，是我教學生涯感到最欣慰的成就。

3. 教會孩子尊重及分享

用餐時間是教會孩子**尊重**及**分享**的最佳時段，我教育孩子吃飯時要先請家中長輩吃飯的禮節。導師就是這個大家庭的長輩，因此吃飯時，同學一定會熱情地喊：「老師吃飯！」我也會熱情回應他們。班上學生讓老師先盛菜，我一定跟學生說：

「謝謝你！」班上吃飯氣氛融洽溫馨。

用餐時常見到有些學生盛很多喜歡吃的菜，讓後面的同學沒得吃，看到不喜歡吃的菜就抱怨不吃。這種學生在家中原本就有嚴重的挑食習慣，如果家長沒教他們用餐的禮節，老師更應把握時機引導。我平常教他們如何打菜，遇到不喜歡吃的菜先夾一點，遇到喜歡吃的菜要想到後面同學的權益，若想要多吃些等下回合才盛；如果是單樣一人一份的菜碼，如雞腿，即使還有剩，也要先徵詢沒吃的同學才可以拿走；如果同時有多位同學想吃這一份雞腿，我教他們如何分享，要時時多一份心考量他人。曾有兩顆花枝丸四個人平分吃，雖然只有一小口，但他們吃得很開心，這溫馨的畫面永遠留駐在他們的心頭。

我的班級連連得到青菜吃光光的榮耀，一方面是我教導他們營養均衡的觀念，但功不可沒的是服務股長負責分菜的工作，他會在同學盛菜後仍有剩餘的青菜時，一排一排分給大家吃，因為把青菜吃光是班上每一個人的責任。我常表揚一些不挑食又幫忙吃青菜的孩子，這樣的孩子惜福又惜物，值得讚賞。

4. 加入讓飯菜更香甜的調味料——真心的感謝

每到午餐時刻全班開動前，我會帶領學生念「**感恩天地、感謝家長、感謝農夫、感謝營養師、感謝廚房的廚師們、感謝大家陪我一起吃飯！**」隔天換座號1號同學帶大家念，如此全班每一位同學都有機會當帶領者。有時候中午事多，我忘了宣佈要念，學生還會提醒我還沒有念**飯前感謝詞**耶！

這不是喊口號，也不是宣傳宗教信仰，我告訴學生，因為**天地**供養萬物成長；**家長**幫你繳餐費；**農夫**耕作農作物你才有飯菜吃；**營養師**幫忙把關食材安全讓你吃得健康；**廚師**辛苦煮菜變換菜色，讓你飽食一餐；有**老師和同學**陪伴你吃飯，就像一個大家庭。我們班的午餐氣氛一直保持溫馨和諧，讓飯菜變得香甜可口，學校舉辦的飯菜吃光光活動，我們連得頭魁，最重要的是我帶班三年，每個孩子都長高長壯，還改掉挑食習慣。

第十四招

見證同儕影響力的可貴

1. 羊群效應——見賢思齊

把一頭橫衝直撞的羊放到一群守規矩排隊的羊群中，過一段日子，牠自然會跟著安分排隊。我把這個概念應用到改善打掃工作不認真的學生身上（見P.140〈不想被貧窮貼標籤的女孩〉）。

美琴在班上常炫耀她那雙宛如白玉般的纖細手指，跟大家宣告她從不做會傷害手指的工作。真的要讓她拿起掃把，也是離地三公分做做樣子，甚至跟老師頂嘴家裡有掃地機器人，不需要會掃地。我跟她磨了很久，她仍無動於衷，這份堅持如果用在課業學習，一定大有所為。

後來我挑班上打掃認真的學生到外掃區，他們的態度連社區人士都誇讚。建立起外掃區的口碑後，我就把美琴放到這群做事認真不偷懶的同學之中，剛開始她還是不願意做，寧可拿著掃把呆立在外掃區看風景。來來往往的路人看著同學認真打掃，我特地找朋友充當路人，誇獎認真打掃的同學，美琴偷懶的形象馬上明顯地被對比出來，她愛面子怕被外人指點偷懶，剛開始會做做樣子，後來再拜託另一名路人故意對她說了一句：「認真做事的女生最美麗！」從此她的掃把不再離地三公分，終於跟著同學一起打掃了，這群勤快的同學用實際行動改造她，這就是我的**「羊群效應」策略**。

2. 鯰魚效應——懶惰變勤勞

鯰魚效應是用來形容在一個群體中，引入一位新的強者，可以激發整個群體的活力。班上有群打掃不認真的學生，我刻意放到能見度很高、使用率也高的學務處旁廁所區，再安插一至二位打掃認真又有影響力的學生帶領，均豪做事態度讓人讚賞，是最佳人選。

我先跟均豪溝通導師的用意，如果他的踏實行動力能感化並改善同學的工作態度，將是一件榮耀的使命，也是行善積德。剛開始實施，我都會過去監督引導，順便給予認真打掃的帶頭者正面鼓勵。我常跟打掃廁所的學生說：**「你們把廁所打掃**

乾淨，讓使用者心情愉快，他們充滿感激及讚賞，這就是行善。」

另外，我請來使用廁所的同事們給予打掃者**正面肯定**，剛開始是均豪認真打掃，身體力行給同學看，後來他們也意識到別人對他們打掃廁所的評價很高，需要大家一起努力，原本幾位隨便敷衍了事的學生最後都改變態度，特別是擦洗手台位置的同學，剛開始做沒兩三下就離開，現在還會在乎玻璃是否擦到發亮，結果我們班打掃的廁所是全校使用率最高，也是最乾淨的一間。

教導學生打掃工作是很重要的生活教育，但想教會他們「學習互助合作，做好分內職責」，其實比教課本知識還不容易。有些家長認為孩子只要認真讀書課業成績好就夠了，平常不讓孩子做家事。我曾經教到一位數理資優生，開學初請他幫忙發新課本，他竟然不知道該如何把課本從箱子裡拿出來，當下全班都覺得不可思議，以為他只是開玩笑。更有一次中午吃飯時他不小心把飯碗掉到湯裡，他很驚慌失措地問旁邊同學該怎麼辦才好……，種種簡單到小學生都做得來的基本事，到了這位資優生手上變成艱難的任務，他真的只有考試成績好，很多基本的生活能力都失能，讓我得一一從頭教起。國一開班親會時，他的母親對我說自己數理資優的兒子不應該放在我這個「爛班」裡埋沒，當下我沒做任何回應，就用實際行動來打破她的偏見。

教育孩子打掃，我一向以身作則——多動手、少動嘴。我動手教他們打掃，班上大掃除我都跟學生一起做，師生一起把教室整理乾淨，沒人敢偷懶而且個個都很勤快；我動嘴時都是在讚美及感謝他們的努力。

我認為教育最重要的是教學生做事的「態度」，那才是他們帶著走的能力，因為一個人最基本的做事態度會影響到他未來成長的格局！

3. 成立「夥伴關係」——行為相互規範及成績共勉

帶到學習較低成就的班級，老師真的事事勞心又勞神，要顧品性又得顧成績。通常學習意願低的學生，上課專注力本就不高，而且常會干擾老師上課，若常用處罰方式，學生就會開始想法子鑽漏洞或是人前一套、人後又是一套，因此我想出讓同學找同伴成立「夥伴關係」，彼此互相打氣，鼓勵提醒。同組「夥伴關係」的人段考成績全部退步就要一起受罰，至於如何罰，就由同組成員自行決定，有一人進步一人退步就不罰，全部組員都進步就有獎勵；上課的秩序彼此相互規範，一人上課不守規矩，同組的人就要拉著他的手跑操場，真的是「有福同享，有難同當」。

第十五招

世間最棘手的事：兩小無猜談情說愛

1. 導師最難解的習題——學生戀情

學生相處一段時間彼此看順眼後，感情起了化學變化，就容易發生班內或跨班級戀情。熱戀期小倆口的眼中只有對方，因為談情說愛時間不夠用，課業常放一邊納涼，最明顯的變化就是成績表現馬上直線摔落，但也有特例，因為愛情因子的滋潤，讓原本三字經不離口的粗暴男同學突然間變得說話溫柔且舉止斯文。

此時導師最傷腦筋的是該不該介入或跟家長說，有些導師為了避免麻煩，直接跟家長挑明說孩子談戀愛一事，有些家長因為擔憂孩子被愛沖昏頭成績退步，出面責罵制止戀情；也有的家長直接跟導師表明他們很開明，不干涉孩子的交友狀況，兩種極端態度讓導師處理學生戀情很棘手。因為**感情的事不是家長或導師說了算**，學生相處時間比大人多，要熱戀的孩子馬上分開，常讓他們產生危機意識，感情反而會瞬間升溫，本來兩人交往熱度還不高，卻因為家長反對，而做出讓大人後悔莫及的行為。

現今小孩談感情很多是直接跳到身體接觸，大人擔心的事常在孩子好奇心及朋友慫恿下就直接嘗試，如果放學後家裡沒有大人在，小倆口還會把握機會關在房裡直接上演令人咋舌的身體運動，甚至有同學幫忙把風。

我寧可讓他們在我的眼皮子底下談戀愛而不是偷偷摸摸，藉由引導而不是強硬拆散，就是要避免小倆口偷嘗禁果，沒防護措施懷了孕。我會利用課堂上性教育課程，與其**防堵學生不要發生性行為，不如教導他們正確的性觀念，因為青春期少男少女若對交往的界線拿捏不清，或性教育知識不足，容易發生沒有防護措施的性行為，懷了孕才是真正大麻煩的開始。**

現今價值觀的轉變，小孩子談戀愛作風之大膽非我們所能想像，我每次都小心翼翼地面對小倆口的戀情發展，處理學生戀情時會跟家長沙盤演練，彼此冷靜觀察，溝通協調如何陪伴孩子平安度過他們的戀情。

2. 導師的觀察筆記

班內戀情，來得快去得也快

班內戀情是最難處理也是最快分手的，兩人在班上談起戀愛來如入無人之地，當世界只有他們兩人。忠漢和筱菁開學初因常討論功課走得很近，加上同學起鬨，兩人開始祕密交往，同學們都很合作，幫忙兩人隱藏戀情，不讓導師知道，但紙終究包不住火，很快地我就發現他們的事，因為兩人常會藉機跑到學校隱密的角落做出親密行為，讓學務主任和我意外撞見兩人的事跡。因為兩人越線太多，像失控的火車一直在做踩線的事，我只好跟雙方家長商討此事。

沒想到男方家長很忙，根本不在意，女方家長則說尊重孩子的交往，這等於宣告此事由導師看著辦。我不能讓此事繼續發展，因為它的後續效應很大，班上像春天來了，戀情處處開花，讓我忙昏頭。我跟學務處聯手，讓兩人下課輪流到學務處罰站，一方面暫時澆熄兩人正火熱的戀情。經過很多天輪流罰站，兩人不但沒機會膩在一起，也因為被罰站感到沒面子，過了一週後兩人感情竟然快速降溫，沒多久就一切歸於平靜。

班內戀情分手是最尷尬而且棘手的，常會有一方因愛生恨，兩人在班上變成敵對關係進而影響班級氣氛；另一種是失戀一方無法忍受被提分手而一蹶不振，當時的你儂我儂完全消失殆盡，我能做的是安慰被分手的一方度過心情鬱悶期。

跨班戀情，像牛郎與織女相會

班內戀情因為天天見面，感情升溫快但降溫也快；跨班戀情因為見不著對方，只能把握下課時間來個牛郎與織女相會，導師遇到此事只能道德勸說，因為談戀愛時眼裡只有對方，而且表現出來的都是最美好的一面。

小芳脾氣驕縱，但有一雙水汪汪的大眼睛，甚是迷人，吸引別班一位脾氣很衝，常口出三字經的男同學。剛開始交往時，一到下課常迫不及待衝出教室來個隔樓相望，兩人透過手勢表達愛意，完全無視他人存在，隔著一層紗看到的都是女方最美、男方最帥氣的地方。這種跨班戀情最麻煩的是情侶的情緒起伏很大，如果今天小芳眉開眼笑，代表兩人正甜蜜，若掛著一張哭喪或憤怒的臉，就是小倆口吵架，導師能做的就是安慰，千萬不要明顯挑撥兩人的戀情，熱戀中的情人容不下破壞者。

我的做法是跟他班導師合作，兩人腳步一致面對，比如跟家長溝通及處理。導師都知道我們能管理的僅限在學校的行為，放學之後他們的行為是我們管不到的。根據經驗，跨班戀情會拖比較久，分手後兩人的情傷復原速度也較快，但很麻煩的是新的戀情很快又到來，有些學生的桃花一波一波開，讓人眼花撩亂，導師只好靜觀其變。

網路戀情，霧裡看花最難搞

我處理學生的戀情三十多年來，經歷無數戰役，但面對今日網路發達的E世代卻碰到了強敵，因為他們的戀人在虛擬世界，而且是放學後老師根本看不到也管不著的空間。手機是很多學生的第二生命，學生寧可在網路世界尋找溫暖或解惑，不願跟很會碎碎念的大人聊心事，除非棘手到無法解決時，才會偶爾轉身來找大人商量。

網路世界虛虛實實，精采萬分，每個人都可以變成「花美男」及「美靚女」，跟網友聊整晚不睡覺，隔天上學不是遲到就是到校補眠，或乾脆不來上學。導師最無奈的，就是家長根本不管或無法管孩子使用手機的事，這時候導師只能乾瞪眼，無力出手。尤其孩子對大人的道德勸說警戒心很強，認為大人不懂他們的心只會一味地反對。我請專輔老師協助，透過他們的專業跟孩子對談；我則利用班會提供網路交友陷阱的影片，儘量不用說教方式傳達導師的關心，既然阻擋不了學生的網路戀情，能做的就是讓他知道要保護自己，也感受老師的心意。

第十六招

最強的後援部隊——來自家長無私的愛

1. 獎勵品補給站

我利用開班親會時，把班級經營理念及方向告訴家長：**「能當別人孩子的貴人，有一天你的孩子也會遇到貴人相助！」**班親會後，幾位家長馬上表示願意支持我的帶班理念，更有家長直接表明要當我的後盾，全力配合。家長們最實際的行動，就是成立班上的**「獎勵品補給站」**。

我的班級常規採「小隊競賽制」，每次段考後結算各隊積分，家長會親自送來第一、二名小隊的獎勵品。我請家長親自到班上頒獎，當學生看到自己的家長到班上頒獎時，都感到很興奮及驚喜，尤其是從自己的家長手上領走獎品時，親子間流露甜滋滋的味道真是羨煞旁人。家長還會特別送安慰獎給沒得獎的小隊，同學在聯絡簿上寫著他們是最幸福的班級，因為班上孩子感受到的不只是導師的愛，還有好多家長的疼愛。（見P.114〈等待窗外出現藍天的沉默小孩〉）

由於每次前來頒獎的都是不同的家長，所以學生們都不知道這次出現的會是哪一位家長，過程充滿期待及驚喜。我教導學生每次收到家長送來的獎勵品，**一定要在聯絡簿上寫下感謝家長的話，目的是讓沒參與活動的家長看到自己的小孩在班上受到他人照顧。**

要讓學生寫下感謝之語真的需要教導，因為很多學生太習慣別人對他們的付出。我鼓勵家長協助引導孩子在聯絡簿上寫出感謝的話，因為**自己的孩子學會感謝別人的照顧，以後他們也會感恩父母的養育之恩，更深層的用意是教導孩子不要把別人對他的好都當成理所當然。**

一位媽媽的真心話

兒子剛升上國中時很叛逆不講理，讓我們夫妻倆非常煩心頭疼。想到國中三年來，兒子變得懂事貼心還很孝順，尤其**「行善助人不落人後」**，最讓我們夫妻感動萬分。我很歡喜到淑娟老師的班上頒發獎勵品給孩子，看到班上學生們和樂相處且非常有禮貌，歡喜自己的兒子在善良又熱情的班級氛圍中成長，不但沒出現叛逆期，反而看到他變得穩重懂事。

三年來**我當別人孩子的貴人，果真自己的孩子也會遇到貴人相助！**

2. 愛的抱抱如暖泉流注

母親節與聖誕節之際，我會邀請家長到班上給同學**愛的抱抱**，家長抱完換導師抱，這天班上瀰漫著暖烘烘又甜蜜蜜的氛圍。家長和老師真誠又溫暖的關愛，都是滋養孩子生命能量的禮物。如果說孩子像一面風箏，家長和老師的力量就是那一陣風，默默地提供一股力量，讓孩子得以逐漸成長、翱翔天際。

我真的相信「人有殊願，天必從之！」每屆帶班，上天都會撥轉如天使及菩薩般的家長相助，他們出錢出力當我的後盾，讓我在班級經營上無後顧之憂，有家長和導師一起給予孩子鼓勵與關懷，讓孩子生命中多了「暖泉的流注」，也讓我在帶班中有一股堅強的支撐力。

3. 心有善願，上天會幫你開一扇門

小宇在國小時期被鑑定是過動兒，必須按時服藥減輕狀況。國一時，爸爸常要求我提醒他吃藥，如果沒吃藥，當天上課狀況會多到任課老師喊救命。他常在課堂上偷吃東西，有時會干擾同學，甚至躺在地上，課業成績表現都不及格。爸爸曾因

為擔心他而請醫生重新開藥，結果藥性太強，造成小宇到校幾乎都在昏睡，如此折騰一段日子，才逐漸找到平衡點，漸入佳境。但好景不常，沒多久小宇又開始狀況百出，幾乎每位任課老師都來告狀，周圍的同學也被他搞得無法專心聽課。我試著跟爸爸聯繫卻完全斷了線，家中只剩下阿嬤照顧他，阿嬤卻也無可奈何，對爸爸的行蹤有難言之隱。當我傷透腦筋找不到方法時，得知小宇媽媽雖然已再嫁有自己的家庭，但偶爾會偷偷來看他，我趕緊跟阿嬤要到電話，跟母親聯絡上，說服她和我一起合作改善孩子的狀況。這孩子有母親的介入關心，狀況才逐漸好轉，更重要的是這孩子變得每天開心地來上學，還會跟我分享媽媽帶他去吃飯買東西等樂事，其實我心中明白，小宇改變的原因是他的心中注入了母愛的溫泉，感謝上天幫我打開這扇門。

第十七招

分組學習的共好效應，大手拉小手一起前行

1. 大手拉小手

這社會不缺聰明人，最欠缺願意雪中送炭的善人。聰明人如果沒有品德，危害社會的能力更強。學生的品性，好比排在所有數字前面的「1」，數字雖小，但沒有這個排名第一的「1」，後面有再多的「0」都是無價值的數字。學生在學校受教育最能帶得走的能力，是他們待人處事的態度，我認為「互助合作」就是一種生活態度，學習尊重別人、懂團隊合作、如何和別人互動及利他等，這些生活態度都必須從點點滴滴培養起，而班級情境就是最好的實踐場所。我帶班向來採分組學習模式，小組中的組員就像家人，無論在課堂發表、生活表現、考試成績等，彼此競爭又互相扶持，發揮「大手拉小手」的情感，藉此培養團隊合作與互助共好的精神，以及見賢思齊的態度，大大地提升學習的動力。

分組方法如下：

依人數多寡，把全班分成五至六個小隊，每一小隊約五至六人，再由小隊中選出「小隊長」。小隊長的功能相當於我們所謂的「股長」，不同的是小隊長管理全隊隊員所有事務，如：收錢、收作業、管理秩序、教室佈置等，工作職責包含傳統股長的所有功能，只是小隊長的工作份量為五至六人，不像傳統股長需管理的是「全班同學」之事務，這是由小團體的合作團結，慢慢地提高向心力，也能藉此訓練可做事的人才。

「團隊合作」並非口號，因為有小隊競賽，隊員要發揮互助合作的精神，比如上學不遲到、上課表現最佳及最早收齊作業的小隊，都可以升格，尤其在收作業上最容易加分，因為不是讓學藝股長收全班同學的作業，而是各隊以競賽方式收齊，因為越早收齊的小隊升格越多，期限截止後就用扣格的方式，所以隊員都會鼓勵或幫忙催交作業。

我教導學生**「能當別人的貴人是件了不起的事，有一天在你最困難的時候，一定會有貴人助你！」**他們的實際行動表現在英文及國文科口試上，隊長會教隊員如何背誦通過考試，甚至還會跨小隊幫忙其他隊的同學。班上在口試這關幾乎全員通過，任課老師都說在班上看到人與人之間互相扶持的情懷，真美啊！

各種小組分法都有優缺點，為了讓分組的方法有不同感覺，我有三種分法：

1. 段考成績Ｓ形排列：這是以成績高低為依據來分小隊。
2. 學生抽小隊編號：每個人抽中的號碼就屬於哪一隊的隊員。
3. 隊長抽自己的隊員。

2. 段考找人ＰＫ制

學業成績要達到前三名並不容易，而且成績好的學生得到獎勵的機會很多，反觀學習低成就的學生能得到獎勵的機會則微乎其微。我創定了一個辦法，讓學生得到獎勵的門檻不高，卻可以鼓舞他努力達標，就是**根據上次段考成績找個分數更高的同學當ＰＫ的對手**，ＰＫ贏者有熱呼呼的水煎包當獎勵，輸的那一方要請對方喝飲料。除了教導他們**君子之爭**的道理，更讓孩子有了努力的目標，鼓舞了學生的戰鬥力。成績出爐的過程讓他們神經緊繃，而總結果則讓學生充滿驚喜及驕傲，有些學生第一次因為考試成績得到獎勵，雖然總分並不高，只因他ＰＫ贏過對手建立了自信，下次段考要再找更高分的同學PK。「段考找人PK制」讓學習低成就的學生找到可以達成的目標，而不是把眼光放在高不可攀的前三名。

分析段考找人PK制成效：

優點：

- 讓孩子有目標可以努力，而且不是高不可攀的目標。
- 有些低成就學生能得到獎勵，內心喜悅不已。
- 學生會在考前互相較勁，給彼此推動力。

缺點：

- 不在乎的學生也能靠運氣得到獎勵。
- 需長期經營才能讓孩子心動不如行動。

3. 段考小隊競賽

為了激發小隊團結一條心，段考前每隊找各科成績較好的三或四人當參賽選手，因為有些學生會偏重某科目較拿手，我的目的就是讓小隊挖掘自己隊員的長處，讓他當該科選手，隊員一同努力爭取小隊段考總冠軍，隊員負責自己的強項科目，發揮實力以拉高總成績。有時候整隊的隊員幾乎都是選手，只是負責的科目不同，這讓每位隊員都有參與感。段考成績結果常有意外之喜，因為負責科目的選手果真發揮加分作用，讓小隊獲得總冠軍，那是團隊合作帶來的驕傲及喜悅。

分析段考小隊競賽的成效：

優點：

- 當選手是一種肯定及責任，會激發上進心（見P.114〈等待窗外出現藍天的沉默小孩〉）。
- 因為自己某科的高分提高小組總分，會很有成就感。
- 考前同隊成員會互相鼓勵，給彼此推動力。
- 不以全隊員競賽，避免低成就的隊員因為成績不好成為眾矢之的。

缺點：

- 小隊成員中成績較弱者會產生自卑心，可能傷到自尊心，要多關注。
- 需長期經營才能讓孩子心動不如行動。

第十八招

播下善的種子，深植孩子的福田

1. 一元硬幣的千萬價值

掉在地上的一元硬幣很少會有人撿起來，甚至有人還會把它當石頭踢開，但一元硬幣由多數人積少成多後，竟成了認養家扶中心孩童的經費來源。

我教導學生行善在於一顆善心，而不是金錢的數目大小，把這不起眼的一元硬幣往班上的存錢筒放，積少成多，再加上導師和同學的努力，就可以在家扶中心認養一個小孩。我帶領學生付出實際行動，有些學生還把自己的獎學金捐到存錢筒內，師生一起在家扶中心認養一位學童，孩子很開心地說：「老師，我也有能力幫助別人了！」後來調校，我改成號召同事繼續認養，教學三十七年至今未曾間斷。

2. 一包衛生紙的神奇力量

「行善很容易，因為一包衛生紙就可以助人，一人一包衛生紙積少成多，可以讓創世基金會省下買衛生紙的錢！」我把構想提出來跟班上學生討論，結果連班上家長都熱烈反應，竟然募集到好多箱衛生紙，甚至還有人捐奶粉及紙尿布，家長主動開車來幫我載物資，送到創世機構。

我也多次帶學生到創世基金會服務學習，學生從服務植物人的經驗學習生命教育。每次到創世基金會都有奇蹟出現，因為我最擔心的交通工具問題竟然都順利解決，宛如神助，學生也深深感受到**人有善願天必助之**的道理。

3. 施比受有福的行動力

我號召同仁捐款給台中市十方啟能中心；師生及家長捐二手物給十方二手屋；中秋節我會鼓勵同仁及班上家長訂購十方的月餅，用行動力購買產品，給予十方啟能學生實質的支持；畢業時，將剩餘的班費全部捐出；最讓我感動的是班上有孩子竟然把自己的獎學金捐出去，用實際行動證明了「分享，不是強制式的剝奪，而是滿心歡喜的感受」的真義。

4. 裝著祝福的聖誕鞋盒

安得烈慈善協會缺乏送到偏鄉的物資，我號召班上家長及同仁一起捐贈，每人捐出一點就能積沙成塔做善事；利用假日帶領學生及家長去幫忙裝食物箱；我也跟班上孩子一起彩繪鞋盒，同學捐贈自己的玩具，放進他們親手彩繪的鞋盒內，在聖誕節之前送到偏鄉學童手上。他們把愛分享出去，不僅幫助有需要的人，也把喜樂放進自己的生命裡。

5. 在心田播下善的種子——黑豆和紅豆的故事

同學之間的惡作劇有些雖然無傷大雅，但不是每個同學都能接受所謂的「那只是開玩笑！」過度的玩笑常引發同學之間的摩擦，有時也會成了言語或身體的霸凌。我教導學生在日常生活中要觀照自己的言行是否逾越常規，造成他人的困擾與不適。一滴小水滴滴進熱油裡，熱油立刻四處飛濺，不要小看它的後座力，更不要輕忽自己的每一個起心動念！

並非一定得鋪橋造路、廣施善款才算善事，在班上與同學相處，一句善言安慰同學、常面帶微笑、認真打掃、上課不擾亂秩序亦為善·，惡事，也非得是殺人放火，貪贓枉法，對老師、同學口出惡言、隨地亂丟垃圾、考試作弊、打掃工作不做、擾亂上課秩序亦是惡事。

善事可從小善做起，惡事也要從小惡開始阻絕！我教導班上孩子，今天有了善念善行，就往瓶子裡放一顆紅豆，反之就放一顆黑豆！

實施初期學生很熱衷，同學會互相提醒對方，做不對的事要記得放進黑豆，所以剛開始放黑豆的人數很多，紅豆比較少有人放，反而都是得到老師的肯定，直接點名學生，要他們將紅豆放進自己的瓶子內。實行一段時日，有位同學上課被老師點名擾亂秩序，他事後檢討自己的行為影響到全班，一次放了五顆黑豆警惕自己，他的做法讓人欣慰，老師不必以處罰來警告，而是孩子發自內心的省思，願意真心認錯、改錯才是教育的真義。

我藉由紅豆黑豆提醒學生，**所有的善與惡都是點點滴滴累積而成，一點一滴的小善與小惡的累積，最後將變成大善與大惡，而善惡只有一念之隔！**

但此方法不能使用太久，因為豆子會發芽，當我達到引導的目的時就停止使用。

後記

老師就像一間旅店的主人，入住的房客就是我們的學生，不管他們入住時間有多長，終究會離去，有些更是短暫停留就轉走了。這些房客有的努力上進，溫暖又貼心，讓人十分疼愛；有些則是調皮搗蛋，惹是生非，就像奧客把房間搞得烏煙瘴氣，臭氣沖天。但時間一到，他們都得離開你的旅店。不管他們曾是讓你見了就心煩的大魔王，或是讓你心喜的小天使，一旦離開旅店，就不會再回來。

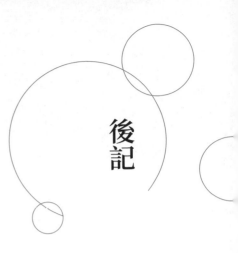

學生畢業後離開，老師仍要把房間重新整理打掃乾淨，好讓下一批房客住進來。雖然那些如奧客般的學生曾讓你苦不堪言，內心受創，但是我們不能因此就把房間關起來眼不見為淨，而是要重新整理，並反省是孩子的習性造成，還是自己的教導方式不適合。懂得反省並改善方法，將會發現這些孩子是你教學生涯中的磨刀石，他們丟出來的問題是在幫助你成長，被磨的過程很辛苦，但像倒吃甘蔗般，會越來越甘甜。

世上沒有任何人能單向地改變一個人，也要對方有足夠的因緣，這是雙向的，我們只是促成一個「上半圓」的緣分，「下半圓」還是要靠對方。我相信用心幫助一個孩子，就有改造他人生的機會，因為人間有愛值得期待，孩子長久封閉的心扉，終有一天會因為愛的滋潤而打開！

很感謝那些「龍兄虎弟」、「恰查某」的啟發，他們也是我的「導師」，帶領他們的過程，我嘗盡酸甜苦辣的滋味，今日執筆寫他們的故事，其實也是懷念及感謝他們給我的功課。我曾向上天發願「要把自己帶班的方法分享給有緣人！」寫出這三十多年的教學經驗，希望能找到和我有共同理念的老師，一起為教育付出心力，由「點」成「面」，這就是老師發揮的「舵手」的力量！

老師的愛，孩子收到了，是善緣。

老師的愛，孩子沒收到，是無緣。

老師的愛，孩子不接受，是隨緣。

老師，我可以抱您嗎？

作者—— 黃淑娟
設計—— 張巖
副總編輯—— 楊淑媚
校對—— 黃淑娟、連玉瑩、楊淑媚
行銷企劃—— 王綾翊

第五編輯部總監—— 梁芳春
董事長—— 趙政岷
出版者—— 時報文化出版企業股份有限公司
108019 台北市和平西路三段二四〇號七樓
發行專線——（02）2306-6842
讀者服務專線——0800-231-705、（02）2304-7103
讀者服務傳真——（02）2304-6858
郵撥——19344724 時報文化出版公司
信箱——10899 臺北華江橋郵局第 99 信箱
時報悅讀網——http://www.readingtimes.com.tw
電子郵件信箱——yoho@readingtimes.com.tw
法律顧問—— 理律法律事務所　陳長文律師、李念祖律師
印刷—— 勁達印刷有限公司
初版一刷—— 2023 年 8 月 4 日
定價—— 新台幣 350 元

老師，我可以抱您嗎？/ 黃淑娟作 . -- 初版 . -- 臺北市：
時報文化出版企業股份有限公司 , 2023.08　面；　公分
ISBN 978-626-374-123-2(平裝)
1.CST: 教育 2.CST: 文集

520.7　　112011378

時報文化出版公司成立於一九七五年，並於一九九九年股票上櫃公開發行，
於二〇〇八年脫離中時集團非屬旺中，以「尊重智慧與創意的文化事業」為信念。